新时代大学生思想政治教育概述

李冰◎著

吉林大学出版社

·长春·

图书在版编目(CIP)数据

新时代大学生思想政治教育概述／李冰著. -- 长春：
吉林大学出版社，2021. 12
ISBN 978-7-5692-9920-5

Ⅰ. ①新… Ⅱ. ①李… Ⅲ. ①大学生−思想政治教育
−研究−中国 Ⅳ. ①G641

中国版本图书馆 CIP 数据核字(2022)第 018122 号

书　　名　新时代大学生思想政治教育概述
　　　　　XINSHIDAI DAXUESHENG SIXIANG ZHENGZHI JIAOYU GAISHU
作　　者　李　冰　著
策划编辑　董贵山
责任编辑　殷丽爽
责任校对　周鑫
装帧设计　王斌
出版发行　吉林大学出版社
社　　址　长春市人民大街 4059 号
邮政编码　130021
发行电话　0431-89580028/29/21
网　　址　http://www.jlup.com.cn
电子邮箱　jdcbs@jlu.edu.cn
印　　刷　天津和萱印刷有限公司
开　　本　787mm×1092mm　1/16
印　　张　12. 25
字　　数　219 千字
版　　次　2022 年 5 月　第 1 版
印　　次　2022 年 5 月　第 1 次
书　　号　ISBN 978-7-5692-9920-5
定　　价　72. 00 元

前　言

　　大学生思想政治教育是一门综合性极强的学科，它本身所固有的特征要求其理论研究必须坚持与时俱进，贴近大学生，贴近现实，贴近时代。大学生思想政治工作，就是要有效运用马克思主义理论武装青年学生的头脑，帮助他们认清历史发展规律和自身的历史使命，树立正确的世界观、人生观和价值观，从而为改革开放和社会主义现代化建设培养高素质的创新人才。这就要求我们要解放思想、实事求是、与时俱进，帮助大学生树立正确的世界观、人生观、价值观，深入开展马克思主义立场、观点、方法教育，宣传党的基本理论、基本路线、基本纲领和基本经验，不断增强高等学校思想政治理论课教育教学的针对性、实效性、说服力、感染力。坚持开拓创新，不断改进教育教学的内容、形式和方法，进一步提高大学生的马克思主义理论素养和道德品质水平。

　　第一章内容讲述了思政教育概述，主要从四个方面进行了介绍，分别为思政教育、大学生思政教育、大学生思政教育原则、大学生思政教育教学的特征。第二章内容为大学生思政教育的改革与创新，主要从三个方面进行了介绍，分别为大学思政教育现状、大学生思政教育改革创新策略、大学生思政教育新型教学模式。第三章内容为大学生思政教育教学实践研究，主要从三个方面进行了介绍，分别为元认知策略在思政教育上的应用、云课堂在思政教育上的应用、慕课在思政教育上的应用。第四章内容为大学生思政教育体系的构建，主要从四个方面进行了介绍，分别为思政教育体系、高校思政教育体系构建、思政教育育人体系构建、"大思政"与课程思政。第五章内容为大学生思政教育中辅导员的角色定位，主要从三个方面进行了介绍，分别为辅导员概述、辅导员角色定位、辅导员角色建构的路径。

在撰写本书的过程中，笔者得到了许多专家学者的帮助和指导，参考了大量的学术文献，在此表示真诚的感谢。本书内容系统全面，论述条理清晰、深入浅出，但由于笔者水平有限，书中难免会有疏漏之处，希望广大同行及时指正。

作 者

2021 年 7 月

目　录

第一章　思政教育概述 ……………………………………… 1

第一节　思政教育 ………………………………………… 1

第二节　大学生思政教育 ………………………………… 3

第三节　大学生思政教育原则 …………………………… 7

第四节　大学生思政教育教学的特征 …………………… 18

第二章　大学生思政教育的改革与创新 ………………… 24

第一节　大学生思政教育现状 …………………………… 24

第二节　大学生思政教育改革创新策略 ………………… 35

第三节　大学生思政教育新型教学模式 ………………… 38

第三章　大学生思政教育教学实践研究 ………………… 63

第一节　元认知策略在思政教育上的应用 ……………… 63

第二节　云课堂在思政教育上的应用 …………………… 72

第三节　慕课在思政教育上的应用 ……………………… 83

第四章　大学生思政教育体系的构建 …………………… 94

第一节　思政教育体系 …………………………………… 94

第二节　高校思政教育体系构建 ………………………… 96

第三节　思政教育育人体系构建 ………………………… 124

第四节　"大思政"与课程思政 ………………………… 129

第五章 大学生思政教育中辅导员的角色定位 ············· 161

第一节 辅导员概述 ····················· 161

第二节 辅导员角色定位 ··············· 164

第三节 辅导员角色建构的路径 ········· 173

参考文献 ································ 188

第一章 思政教育概述

本章内容讲述了思政教育概述，主要从四个方面进行了介绍，分别为思政教育、大学生思政教育、大学生思政教育原则、大学生思政教育教学的特征。

第一节 思政教育

一、思政教育的含义

广义上的思政教育（以下简称"思政教育"），指一个群体为了巩固自己的统治、维护自身利益以及顾全大局发展而对其群体内全部成员的思想意识施加影响，通过灌输符合自身阶级统治利益的思政观点和道德模范等，实现群体成员思想道德符合阶级统治发展要求的思想道德标准。

思政教育本质上是一种特定的实践活动。在社会中，人们组织和引导公众形成符合特定社会时代和人类自身发展要求的思想政治观念和人生观念。"特定"一词包括三层含义：一是指以某一类或群体为主体，即特定主体。二是特定内容，包括思想教育、道德教育和政治教育。目前，我国思政教育的内容主要是中国共产党的理论、路线、方针、政策。第三，目标对象是特定的，也就是，它是针对某个社会公众的。思政教育的目的是使人们形成一定社会所需要的思想。

二、其他学科视角下的思政教育

(一) 教育学的知识借鉴

教学活动是教育学体系的关键要素之一，教学活动包括课程内容的总体设计、课程活动的主体与客体、教学目标、教学手段、教学达成效果等部分。教学活动将德育与智育相统一，将教学触角伸出课堂、走出校园、深入社会。因此，可以说教学活动的整个活动流程与教育学中对于教学活动的研究是不谋而合的，因此要将教育学中关于教育规律和教育活动的基本原理借来参考和借鉴，从而构建出优质、高水平的思政教育教学体系。

教育学为思政教育对如何组建课程活动、开展实践活动提供客观依据，并从教师角度入手揭示教师如何规范的实施教学过程，学生如何高效地参与到教学活动当中，以为有效地进行教学打造一套可遵从的规范，还要必须注意保持和教育学研究的核心内容相一致。要从教育学中的关注点，即通过德育来探讨内容、原则、方法和评价的确定。教育学中关于教学主要手段的论述为思政教育提供了有益的借鉴，如思政教育教学中开展的形式多样的教学活动，在具体过程中引导学生将课本理论与实际相结合，达到实践育人的目的，这一点就是与教育学融会贯通的地方。

(二) 心理学相关依据

掌握心理学在教育中对人的影响过程是思政教育进行构建的基本点，这表明必须从根源上探讨如何通过构建教学体系使学生在教学过程中达到所要求的思政品德，这一过程也可以反映出个体内心活动的变化和心理的起伏过程。在思政教育过程中，心理学的相关理论和方法能将学生思想品德形成过程的心理活动展现得淋漓尽致，深入挖掘如何构建切实可行的教学过程，可以揭示学生在教学活动中个体本身知、情、意、信、行等方面的心理变化。在分析研究这一过程的基础上，抓住内部规律，构建适应学生心理特点的思政教育规律。心理学除了用于发现学生在教学实践过程中思想品德形成的心理规律，还为思政教育的研究寻找了新的切入点，使构建的思政课教学具有全面性与广泛性，经得住各门学科的检验。

第二节　大学生思政教育

一、大学生思政教育的内涵

大学生思政教育就是对在校大学生思想意识统一的加以影响，使其形成与社会发展所需的思想道德标准相符的思想观念、道德品质，为国家未来储备人才。这是普通高等院校一项教育目的明确、教育内容具体的活动。当前我国的普通高等院校为了达到其相应的教育成效，将理论灌输法与实践教育法有机融合。

（一）思政理论教育

普通高等院校通过思政理论课的课程学习从而加深大学生的思政知识底蕴。目前而言，普通高等院校的理论灌输法不仅体现在相关的课程中，也体现在通过党组织推优及党员培养的方式进行思政教育。

（1）通过对团员的推优，安排学习党课知识，配合完成党内实践活动等，在思政教育的过程中完成团员向党员政治身份的转变。

（2）通过对党员党内知识的培训和提高以及定期召开党内学习会议等活动，一方面考察和考核学生的思想意识和行为道德，另一方面更加强化了学生的政治素养。这种教育方式一般以非固定课程教育的形式在普通高等院校大学生中开展。这些理论课程，其中不仅包含了马克思基本原理、方法以及思想精髓的讲授，还包括马克思主义中国化的具体内容的讲授。从目前来看，普通高等院校的理论灌输法的具体教学模式和环节包括理论的教授、学习、宣传和培训以及研讨等环节，是普通高等院校开展思政教育最基础，同时也是最高效的主要手段。

（二）通过实践锻炼法开展教育活动

通过实践锻炼法开展教育活动，简而言之，就是通过合理的计划、明确的目的、清晰的理念引导和组织普通高等院校学生参加形式多样的，能够提升其思想意识和道德素质的社会实践性活动。在多样化的实践锻炼活动选择中，既要顾及大学生的年龄特点、性格特征、学习能力以及不同年级等多方面因素，也要同时兼顾将适当的教学内容加以融入，彰显实践活动的教育性。通过实践教育活动，提升大学生的思想觉悟和认识能力，强化理论灌输的教育的知识和内容，达到理论知识内化的目的。但事实上，寥寥可数的实践活动所呈现的教育力度和成效是微乎其微的，因此普通高等院校必须长期坚持实践锻炼活动，才能使大学生在反复的锻炼中提升认识，并将认识内化为自身信念。

二、大学生思政教育的内容

（一）社会主义核心价值观的培养

社会主义核心价值观作为社会主义价值体系的核心内容，不仅是一种社会价值理念，更是人们的行动指南。培养和践行大学生社会主义核心价值观，既是党的重大决策，也是思政教育的重要内容。它突出了大学生对国家未来发展的重要性和对大学生进行社会主义核心价值观教育的必要性。"勤学、修身、明辨、笃实"的社会主义核心价值观教育要求学生学好知识，提高自身道德修养，树立正确的三观，明辨是非，并在实践中提升自己。普通高等院校大学生必须从现在做起，根据以上要求严格要求自己，并在未来身体力行，积极投入国家和社会建设中。

（二）传统文化的继承和发扬

一个国家的文化是这个国家的历史发展以及具体国情的体现，我国的传统文化代表了我国深厚的历史文化底蕴，是我们国家和民族的精神和灵魂。我国文化经历了几千年的历史发展，是中华民族之根，我们要做到一脉相承，并将其不断发扬光大。在普通高等院校教育实践中，思政教育一定不能脱离传统文化的教育，要让大学生在了解中华文化的基础上实现更好的传承。我们在对传统文化的继承和发扬过程中，我们要始终坚持批判性继承和创新的态度，使中华优秀传统文化在当代青年心中扎根，内化为气质，外化为人处世之道，在新的时代呈现出新的生机、焕发新光芒。

（三）爱国主义的培养

爱国主义教育是国家稳定发展、历史向前推进的巨大精神力量，是一种集热爱祖国、报效祖国、忠诚于祖国的思想、意志、情感于一体的社会意识形态的体现。在新的历史时期和时代背景下，爱国主义教育依然很重要。普通高等院校爱国主义教育主要体现在对党史、党情、国史和国情等方面的基本知识的学习，也包括民族团结和国家统一等国家安全方面的教育。新时代背景下，爱国主义教育就是要不断强化大学生的爱国意识，使其内心对祖国有强烈的归属感。爱国主义教育不仅有利于学生自身的发展，培养了其爱国主义情怀，更是关乎国家未来的前途命运，为国家未来能够稳定发展扎实根基。

（四）理想信念的树立

理想信念的树立是普通高等院校必不可少的教育内容。党的理想信念就是共产主义，正是因为有着坚定不移的信念，我们党才能够克服一个个问题，取得革命、建设和改革的胜利，我们国家才能够应对一次次的挑战，在排除困难、有效解决问题的过程中，实现国家稳定发展。对于普通高等院校大学生而言，也必须拥有坚定而正确的理想信念，才能在未来握好国家发展的接力棒朝着正确的方向不断前进。大学生是国家发展的中坚力量，关系着未来国家的发展，关系着能否实现中国人民宏伟的"中国梦"。

（五）世界观的培养

人们对世界的根本看法和观点，反映了人们对人与世界的关系、世界的本质、人的生存价值和地位等一系列基本问题的看法。普通高等院校大学生正处于树立正确世界观的重要时期，必须以科学理论为指导。马克思主义作为党的指导思想，也是党制定政治目标、确定政治方向的基础。我国的普通高等院校始终坚持红色旗帜的引领，因此思政教育的世界观教育内容是马克思主义科学理论教育。它包括辩证唯物主义、马克思主义认识论和历史唯物主义的哲学原理和方法论指导，以及马克思主义中国化的具体内容。习近平总书记强调：办好我们的高校，必须坚持以马克思主义为指导，全面贯彻党的教育方针。大学生是国家未来稳定发展的重要力量，他们必须接受科学理论教育，提高政治素养，明确政治立场，为国家和社会的未来发展做好准备。

三、大学生思政教育的作用

（一）帮助学生树立正确的理想信念

通过思政理论课教学，可以使学生完整地、准确地、科学地理解和把握马克思主义的科学理论，避免了学生对马克思主义理论的理解是片面的、肤浅的，同时也可以避免或减少某些学生用个别结论、现象代替或否定马克思主义的价值、立场、真理性等。思政教育教师通过用科学的方法向学生讲授思政理论这一科学的内容，可以引导学生对科学世界观和方法论的掌握，提高其在实践中运用马克思主义的立场、观点进行分析和有效解决实际问题的能力，并在实际运用过程中不断加深对马克思主义理论的理解，从而牢固树立正确的理想信念。比如在思修课第一章的内容就是要引导学生树立正确的理想信念。

人们借助思政教育教学对其实践过程中出的种种现象、问题、关系都统一到一个有机体里，对其进行全面的、整体性的分析阐释，从而能更好地认识和把握这一系统。把这一系统作为思维工具对教学进行指导，帮助学生树立正确的理想信念是研究范畴的重要作用，构建范畴体系，完善思维形态是教学理论研究的重要任务。通过思政教育教学指导教学实践活动，对保障大学生树立正确的理想信念有重要意义。

（二）促进了教学任务的高效完成

思政教学其最重要的作用之一就是保障师生顺利高效完成思政课的教学任务。它能够使教师更加深刻地掌握这项教学实践活动的本质和规律，能够帮助学生更好地掌握教学内容，能够帮助师生达到预定的教学目标和教学要求，从而取得良好的教学效果。

思政教育是我们认识该课程教学实践活动本质与规律的基础。思政教育教学是经过科学抽象和高度概括后的概念。人们通过对思政教育教学的展开研究，树立正确的、科学的范畴体系，能对教学实践活动有更深层次的认识，有助于揭示研究对象的本质和规律，对师生顺利高效完成教学任务有重要的保障作用。具体体现在两个方面。

（1）大学生思政教育是思政理论课教学理论本质和规律的手段与工具，这一教学包含着已有的学科教学理论知识。通过思政教育教学的推演、概念的移植等方法，对教学领域的种种关系产生新的认识，归纳总结出思政教育教学过程中的新特性和关系，继而架构出新的范畴，由此产生出新的理论。思政教育教学基本理论框架的发展创新是基于范畴的产生和形成，而思政教育教学的产生和转化会对其教学理论产生新的变化。通过不断的研究和发展创新，对思政教育教学领域内的现象有一个新的认识，包括特性、关系，甚至是范畴的基本内容等都会有不同的认识，这就是促进思政教育教学理论体系完善和发展的新时期。

（2）大学生思政教育是思政教育教学实践活动本质和规律的手段与工具。思政教育教学对教学实践活动具有基本的导向作用，它又反过来指导教学实践的发展。思政教育教学对教学的思维方式具有引导更新作用，使思维与时俱进。在对思政教育的研究、推演的基础上产生出思政教育教学的具体内容，这实际上就是思维运动的结果，通过对已经存在的范畴进行深一步的探索，产生新的范畴并揭示其概念。通过对教学范畴不断深入研究，它能对教学中的各种现象的认识从感性上升到理论层面，为思政教育教学实践活动指明方向，确保师生顺利高效完成教学任务。

第三节　大学生思政教育原则

一、人本原则

（一）内涵

顾名思义，人本原则就是以人为本的原则。在普通高等院校思政教育中，人本原则更注重人的个性的释放和发展，形成了一种对人在社会中发挥重要作用的肯定。这个个体不仅是指学生个体的自由发展，也是指作为教育者的教师同样也是主体之一，承担着重要的责任。思政教育工作坚持人本原则实质上就是坚持以人为本的教育理念，将教育者与受教育者都放在主体的地位，将马克思主义的基本观点运用到日常教学工作中，实现教学资源、综合管理、思想指导三者的有机结合，普通高等院校青年学子树立正确的价值观、世界观、人生观，为今后个人的发展与国家的前进打下良好基础。

（二）坚持人本原则的途径

1. 促进学生个人完整人格的塑造与发展

人本原则的基础环节就是受教育者作为独立个体的完整人格塑造与发展。普通高等院校教育的价值所在是源源不断地向社会输送高素质高文化的人才。普通高等院校思政教育人本原则的重要任务是怎么样才能在校园环境内实现受教育者完整人格的健全发展。现今社会，不仅要求青年学子有更高的文化素养、科学素养，更要求其作为社会中的一个独立个体，有其完整人格的具体展现和政治态度的积极方向。普通高等院校思政教育就是在人本原则之下，使青年学子自信、自立、自强，不断引导和发展他们成为整个社会的优良建设者，且能在飞速发展的社会环境下做出积极应对以保证自己不被社会所淘汰，还能为社会的发展、国家的富强做出贡献。只有这样学生才能实现自己的人生价值，在面对未来世界挑战的时候才能够做到从容不迫。普通高等院校思政教育在我国教育体系中是非常重要的组成部分，只有在普通高等院校思政教育工作中坚持人本原则，将"一个主体"的观念彻底打破，充分尊重教师在教学引导上的主体作用，充分认识学生在树立正确的世界观、人生观、价值观，为整个社会奉献青年力量的主体作用，培养教师在教学中的主动创新性和学生在学习过程中的主动接受性，在科学的马克思主义理论的引领下，才能真正实现中国梦，实现中华民族的伟大复兴。

2. 坚持科技与教育相结合

现在是大数据和人工智能的时代，各种科学技术层出不穷。思政教育作为教育体系中极为重要的一环同样也需要跟上时代潮流，利用科学技术实现教学方法的创新与发展。先进教育必须更注重培养能力，但事实上能力必须与自身知识体系结合在一起才能发挥更大效用。所以努力做到知识与能力的结合才能在科技时代实现科技与教育的创新发展。在思政教育中要想使其实效性得到提升，广大普通高等院校思政课教师一定要将自己置身于科技发展水平不断推进的历史发展进程中，做到因势而新。思政课教师要正确认识我国与其他西方发达国家之间的差异，全面的、客观地认识当代中国教育环境，并与国际接轨，不断提升自身教育的质量与水平。在教育手段上的创新往往体现着一个学校对思政教育的重视程度，教师可通过不断开展课外实践活动，如采取"田野调查"或"红色之旅"等活动方式是让一部分五谷不分、四体不勤的青年学生体验当代中国与近代积贫积弱备受屈辱的中国之间的差别，这也是历史与现代的一次跨时空连接。还有线上慕课等大量利用网络平台衍生出的全新的教育教学方法，不仅创新了思政教育的传播模式，也合理优化了对被教育者的考察结构。基于此，各大普通高等院校更应该积极合理地利用其网络平台，对大学生进行多方引导，合理上网，文明上网，全面提高网络化时代普通高等院校学生的整体素质。

3. 加强教育环境基础建设

科学文化知识与人文情怀精神是普通高等院校区别于其他教育传播载体的关键所在，校园文化环境无论是对教师还是对学生都会产生极为重要的影响。在普通高等院校教育中，积极推进立德树人教育环境的基础建设就是坚持人本原则，发展创新思政教育。首先要把师德师风建设放在首要位置，教师不仅是专业知识的教授者，同样也是道德教化的传播者，师风师德建设是普通高等院校立德树人教育环境基础建设的最重要一环。这要求普通高等院校教师要有高学历的同时，还要具备高尚的品德，只有这样才能对学生产生积极正面的影响，对整个普通高等院校环境起着至关重要的作用。其次是充分发挥马克思主义的指导作用放在首位，以科学性和革命性统一的马克思主义指导思想为主体，根据受教育者的需要开展丰富多彩、创新十足的校园文化活动，具体切实贯彻理论上有指导、实践中有规范。最后，要在校园网络平台中坚持宣扬立德树人理念，将普通高等院校人本原则的思政教育方法和观念合理植入学生群体心中，让他们从内心产生强烈的认同感和荣誉感，并且以自身行动积极维护校园文化环境的创建。

4. 实现师生双主体地位

在思政教育中，教师扮演了一个举足轻重的角色，虽然在大学阶段众多学生在生理上已经成年，他们朝气蓬勃，勇敢上进，但与此同时他们同样也是一个意志力较为薄弱的群体，世界观、人生观、价值观还未完全扩充完整。基于此，就需要教师正确和合理地引导，这样可以有效避免大学生在意识形态上产生偏差，也能避免对个人甚至学校和社会产生严重的负面影响。普通高等院校思政教育就是要发挥出教师的引导作用，充分了解学生的成长环境以及人生经历，尊重其个体的独立与个性，将理论方法逐步以学生所能接受的方式进行德育教育。当然，也要尊重学生作为主体之一所产生的不可忽略的作用。思政教育工作者必须让学生意识到自己的主体作用，使其产生强烈的主体意识，在日常学习和生活的交流中逐步培养起学生的自觉学习态度，真正做到心中有律，行动有规。只有在业内达成教育者与被教育者双主体地位的共识，才可以让思想教育理论不断地得到创新与发展，加强思政教育在现实生活中的实践作用，使主体之一的受教育者成为我国社会主义现代化建设的中坚力量。

二、知行合一原则

（一）内涵

思政教育教学绝对不是学习文件、学习材料，或是从各个有关学科拼凑起来的知识的一个集合，它应当有一个自己的学科体系。在这个方面，我们优秀传统文化中的教育思想，有丰富的案例，可以好好研究。思政教育教学就是理学、心学，当然这只是借用，不是要复活传统的理学、心学，理学就是规律之学，心学就是修养之学，围绕规律之学、修养之学，践行立德树人的职责、根本使命，来完成这个根本任务。知行合一原则就是思政教育教学所要追求最终目标。知行合一就是理论与实际相结合，思政教育的教学重点就是使学生的思想和行为在实践中达到一致，理论对实践有指导作用，实践是检验理论正确与否的唯一标准，马克思主义的认识论中明确要求我们要用理论联系实际的方法去认识客观事物这既是对客观事物进行正确认识的原则，也是构建任何教学建构都需要遵循的原则。

（二）必要性

我们在行动中获得知识，行动是获得知识的动力，思政教育教学作为指导教学实践行动最基本的理论指南，它首先必须是正确的科学的知识，继而又能指导教学行动的正确方向。思政教育教学与学生的思想行为密切相关，是培养学生的思想道德素质，使学生更好地认识社会主义主流价值观，形成社会所认同的思政观念，并用以指导实践，即教学就是转变或提升学生思想的过程，这一过程只有通过学生认知上的转变和提升才能实现，只有让学生在对正确的思想观念进行了解、学习的基础上，还坚信这一观念的真理性，并用以实践，形成知行合一，才能说达到了教学目的，知而不行，那"知"就失去其意义。对于思政教育教学来说，这样的教学就是失败的教学。遵循知性合一原则有助于思政教育教学实效性的提高与目标的达成有助于有效解决知与不知、行与不行的矛盾。在思政教育教学中，要使学生对基本理论的形成、发展的过程有基本的了解。因此，要通过对理论产生的背景进行阐述，从而引领学生感受理论的形成、发展的过程。有了这样一个感同身受的接收过程，才能在获得知识之后有一个与知相一致的行，思政教育教学的构建也必须遵循这一知行合一的原则。

三、求实原则

（一）内涵

1. 必须符合客观实际

群众作为社会的主人，其本质是一切社会关系的总和。因此，群众个体所拥有的社会关系以及社会意识等因素，不仅会对群众思想的变化发展产生影响，而且还会对其起到制约的作用。思政教育对于群众个体与群体的思想转化都要加以重视，并且要重视社会风气以及舆论能够起到的作用。这就要求，思政教育出发点与立足点一定要是社会发展的实际以及群众的思想问题现状，不仅应该将群众看成是一个整体，在相同的起点上进行教育，还应该对千差万别的群众思想问题进行深入细致地研究，并对问题加以有效解决。这样一来，就能够让理论与实践紧密地联系起来，让思政教育本身的针对性以及有效性得到增强。要想能够对群众思想发展变化的规律有准确的了解与掌握，那么就只能与实际紧密结合，做好与之相关的调查研究工作，让思政教育的针对性、系统性以及创造性不断得到增强。

2. 必须与利益引导相结合

群众的思想、行动都与其自身利益密切相关，利益是群众进行生产及一切活动的动因，同时也是群众思想问题产生的根源。马克思主义的基本原则就是让群众对自身的利益有充分的了解，并且让群众团结起来，为之进行奋斗，所以应该将群众利益作为着眼点进行思政教育。从利益导向上看，社会中一切人的关系都是利益关系，社会矛盾之所以会产生，就是因为在利益上存在着差异或者利益是对立的。执政党如果想要将人心凝聚起来，让矛盾得到协调，从而形成强大合力，其坚持的利益导向一定要是正确的。利益导向正确，社会不同阶层和群体就会从根本上协调一致，能够共同行动和增强社会合力。

3. 必须有求真务实的作风

思政教育工作者必须养成求真务实的作风，把求真务实、言行一致作为自己思想和行为的重要准则。要做到求真务实就要不唯上、不唯书，实话实说，实事实办，少搞形式，不尚空谈。要爱岗敬业，把工作当事业干、当学问钻，既练"唱功"又练"做功"，勇于探索、创新。就是以身作则，率先垂范，要求别人做到自己首先做到，以自身的模范作用教育群众，引导群众，激励群众。

（二）思政教育求实原则的当代启示

1. 促进高校思政课程创新

对于思政教育来说，其进行的主要渠道就是思政理论课，普通高等院校思政教育传授的知识应该是生动活泼的，而不应该是死板的知识，应该始终坚持实事求是，从学生的接受能力出发，可思政教育的内容具有时代性、具体性，所以，在不同的时期，进行思政教育的内容也应该是不同的。并且，普通高等院校的思政理论课不能单凭思政课教师对学生的课本的理论知识灌输，要结合现代化的多媒体教育教学方式，在教育教学中与学生发生教育主客体的互动，提高学生对理论课知识的接受性，以此让思政教育工作更加具有实效性。

2. 营造良好的学术氛围

实事求是是学术研究所遵守的基本原则，是学术的第一要义。因此，普通高等院校需要在学术领域真正贯彻求实原则，实事求是地对待学术成果，为普通高等院校营造健康良好的学术氛围。普通高等院校要用求实原则指导学术研究，端正学术态度，加强学术道德建设。尽管学术界对学术行为进行了严格的规范，对学术失范现象加大了惩处的力度，但学术失范行为仍然层出不穷，如找写手代笔等不道德的学术行为依旧在源源不断地出现。因此，在进行普通高等院校思政教育工作的过程中必须坚持求实原则，加强普通高等院校师生学术道德教育，强化学术规范教育、学术诚信教育、科学精神教育、学术法制教育，保持学术的健康发展。

3. 提高教师育人意识

首先，普通高等院校要以实事求是为原则，进一步完善思政教育的领导与制度，把求是原则贯彻到思政教育教学以及日常的工作中，不仅要反对所有的形式主义作风，也要反对任何形式的弄虚作假，继而促进思政教育制度的完善，提高普通高等院校思政教育工作的有效性。

其次，普通高等院校思政教育工作应该依靠全体教职工，而不能仅仅依靠思政理论课教师或专业课教师。提升普通高等院校全体教职工的育人意识，要以实事求是为原则，充分考虑普通高等院校教职工的人群特点。一方面，要选择合适的载体，利用各种现代化科技手段提升普通高等院校教职工的育人意识；另一方面，普通高等院校要以实事求是为原则对全校教职工的思想态势进行调研，通过对他们思想现状的准确把握，有针对性地提高他们的育人意识。

最后，在求实原则的指导下进行普通高等院校校园文化建设。一方面，普通高等院校要以求是原则提升校园物质文化水平，提升校园形象与风貌，对和谐的校园文化氛围进行营造，使学生在潜移默化中接受文化教育；另一方面，普通高等院校要以求是原则提升校园精神文化水平，经常开展校园实践活动，从而使学生的综合素质得到提高。

四、灌输原则

(一) 内涵

在马克思主义理论体系中，灌输有特定的内涵：灌输的过程就是马克思主义政党用系统教育、日常宣传、实践指导等途径，把马克思主义思想体系传播到工人阶级和人民群众中，让他们的头脑得到武装，帮助他们形成科学的世界观和方法论，为共同的理想而奋斗的过程。灌输的实质就是科学理论与具体革命和建设实践的结合。

(二) 坚持灌输原则的途径

1. 将灌输方法与自我教育进行结合

灌输不仅是思政教育工作实施的主要途径，还是传承社会文明的重要渠道。一部分人认为，灌输原则只适用于知识水平比较低的人，由于大学生具有自学能力，不适用灌输原则，大学生通过自觉完善和提升自身的修养，便可具备公民的基本道德规范。但事实上，自我教育与灌输原则是不相矛盾的，二者相辅相成，相互促进，自我教育与灌输其基本目标是一致的。灌输最终必须通过自我教育进行理解和消化，除此之外，自我教育也是以灌输原则作为基本条件的，否则自我教育就会缺乏正确的引导。灌输原则以其系统性、目的性以及正面性使学生在自我教育的过程中避免了随意性以及零碎性，有利于克服认识和理解上的误区。如果一味地否认灌输原则的重要性，就等于否定了教育的必要性。

2. 注重大学生主体能动性

普通高等院校在开展思政教育的时候，进行灌输的主体是教师，因此教师应该具备诱导性和能动性，占据主导地位。但事实上，大学生虽然是灌输的客体，也需要增强独立意识以及自主意识，具备相应的主体能动性。由于大学生人格独立、重视自身感受、崇尚自我实现，因此主体能动性更能激发大学生的自觉学习和研讨精神，实现自我教育，乐于接受灌输。只有不断实现客体的能动性，灌输的价值才能得到提升。反之，如果不注重大学生主体性的发挥，使其思想和行为受到抑制，教师在灌输原则实施的过程中只注重自我为中心，灌输原则的目的就不容易实现，不利于大学生潜能的发挥。

3. 坚持正反结合的灌输

随着经济全球化的逐渐深入，我国社会呈现出转型局面，形势复杂，给大学生的成长带来困惑和迷惘，如果只是单纯地使用正面灌输的教育，那么就会显得苍白无力。所以，在进行灌输教育的时候，可以适当地穿插反面材料，不能一味地回避社会转型时期面临的巨大困难。这样的灌输更具说服力以及可信度，学生接受起来更加容易。

4. 采取多样的灌输方法

灌输原则在实施过程中必须坚持教育模式的启发和引导作用，不能强制的硬灌。随着当代大学生思想意识的独立、竞争意识的增强以及法律意识的提高，自主性也大大增强了，要实现灌输的作用，在灌输实施的方式方法上必须要与时俱进，不断创新。做到理论与实践相统一，扩大灌输的覆盖程度，重视灌输进行中显性与隐性相结合的方法，提倡形象、环境、行为、校园文化、舆论、网络媒体以及实践等多种灌输方式相结合的模式。将灌输原则充分融入管理、文体活动、校园文化以及网络媒体之中，对大学生的思想意识造成潜移默化的影响。

5. 有针对性的灌输

对于大学生思政教育工作来说，灌输内容一定要具有针对性，有利于培养高素质、自主性、批判性的人才，现阶段，一定要把灌输内容的重点放在对大学生思想认识以及现实问题的有效解决方面，对社会当前普遍重视的热点话题进行辩证、客观、科学的揭示，借以提高大学生的思维能力，培养其深入的分析能力。同时，在培养大学生知识水平的基础上对其生活实践能力予以提升。这样有助于提高灌输原则的感染力和说服力。

五、心理相容原则

(一) 含义

心理相容是一种群体特性，是指群体中各成员之间由于理想、信念、观点一致而形成的一种融洽的心理交往状态，是良好人际关系在人们心理上的反映。每个人都是独立的个体，由于所处社会环境不同、社会经历各异以及认知水平参差不齐等，个体之间存在一定差异，主要表现在能力、思维、兴趣爱好、性格和气质等方面。在实际生活中，个体之间又有着相互联系、相互依存的关系，只有承认自身与他人的差异，做到相互理解、相互包容、相互信任和相互支持，个体之间的关系才能呈现出良好的发展趋势，社会也才能和谐发展。心理相容是实现个体之间"你中有我，我中有你"融洽关系的前提和保证。单独的个体只有在充满信任、理解、包容和情感交流的心理环境中，才能激发其主观能动性，使其更具活力、创造性、创新性，更能以乐观健康的心态面对生活、学习以及工作，实现自身价值。个体之间只有心理相容，才能创造一个积极的心理环境，从而将个体的力量凝聚在一起，集中力量实现集体的奋斗目标。

（二）运用心理相容原则的必备条件

1. 师生之间互相接受和认可对方的价值观

心理学中的相似性原理指的是拥有大致相同或者较为相似的观点的人，能够更容易理解、吸引彼此，生活中大多数人喜欢接近有相同观点的人。教师和学生如果在信仰或者价值观等方面有较为相似的地方，就会使他们有一种"彼此相像"的感觉，这样，他们在心理上就能理解彼此，易于接受彼此。在这种情况下，教师应主动通过开展各种活动接近学生，让他们自觉地在各种实践活动中形成符合社会需要的思想观念，这样形成的思想观念比空口说教更有效。

2. 教师应具备良好的人格魅力

随着个性品质经济、科技的发展，社会的进步，使得传统意义上的权威受到挑战，教师的知识储备如果不足，会导致其失去教育的权威性，降低学生对教师的信任感。此外，教师不仅应该提升个人的能力素质，还应该提升个人魅力，拥有良好的个人品质。教育者是教育实践的指导者，榜样的示范力量会使教育者像一块磁铁一样吸引着受教育者，从而引导他们的言行，所以教育工作者要时刻重视自我教育的作用。教育者的道德素质和个人能力应该符合教育工作者的期望。否则，教育效果将大大降低。

（三）实现师生心理相容的路径

1. 在实践活动中发挥学生的主观能动性

对于思政教育工作来说，实践活动是其第二课堂，教育者应该有意识地对实践活动进行组织，并且应该积极参与到其中。通过实践活动，使学生能够领悟理论知识，并对其进行运用，对实际的问题进行探索，并且加以有效解决，同时实现自我价值，进而将学生探索真理的欲望激发出来，发挥其主观能动性，使学生积极投入学习，补足自身的短板，全面健康地发展。教育者可以与大学生一起策划、一起讨论，确保实践活动的可行性、安全性、实用性，做到与学生同思、同做、同苦、同乐，形成一个轻松愉悦的教育教学氛围。教育者要让学生放下防备心理，增加与大学生的双向交流互动，潜移默化地传播正能量，发挥自身榜样作用，成为学生成长历程中的带头人和引路人。

2. 提高教师的自身修养

教育者对待学生方面要做到真诚、热情、通情达理、善解人意，外在方面做到仪态大方、行为举止得体，那么学生自然愿意与教育者交往交流。这时教育者再通过交流给予学生思想启发，丰富其情感，满足其心理需求。除此之外，在进行思政教育的时候，教育者有教育主体与教育客体的双重身份，在开展教育的同时接收学生的反馈，根据反馈改进自身不足，不断完善自我，促进教育方式方法和教育内容与时俱进、与生俱进，实现教育者与大学生的心理相容。

3. 构建师生平等关系

在开展思政教育工作的过程中，教育者要放下高高在上的教师形象，以朋友、亲人的身份出现在大学生面前。只有在师生双方处于一种平等和谐的关系下时，大学生才会感到轻松愉悦，没有心理压力，乐于与教师坦诚地沟通交流，说出心里话。在生活上，教育者要像亲人、长辈一样主动关心大学生，让他们在充满爱意的家庭中成长，使其对教育者产生心理信赖感。在学习上，教育者不仅是教师，还是学生的朋友，要主动帮助学生，做一个真诚的倾听者，适时给予学生正确的指导，让他们产生心理依赖感，化解其对立情绪和逆反心理。

第四节 大学生思政教育教学的特征

一、导向指引下的整体性与层次性相结合

（一）导向指引性

思政教育教学是维护好发展好党的意识形态工作的重要组成部分，也是提高人民思想道德素质的重要手段和工具，具有导向指引性。思政教育教学是本学科理论体系中的基础，而理论作为人们在实践的基础上的，对事物的认识由感性上升到理性而形成具有前瞻性的教育内容，其本身对教学实践活动就具有导向指引作用，继而由于思政教育自身具有的阶级性特征，即必然有一个价值指向。导向指引性主要是针对以下两方面而言。

（1）对大学生的个人发展和如何在社会实践中发挥自身作用起到导向指引作用，包括引导学生的思想观念、精神境界朝着全面发展的发展方向提升，增强学生的精神力量，在实际的教学中促进社会主义核心价值观同学生自身的思想观念和政治观点相融合，积极引导和帮助学生自觉接受并且树立社会主义核心价值观，引导学生为实现伟大复兴的中国梦而努力等等。

（2）为教学实践活动提供一个客观的标准，对思政教育教学的改革发展方向起到指引作用，促进教学理论的创新与发展。

思政教育教学是教师在马克思主义的指导下对学生的价值选择和社会价值的取向产生导向指引作用，使其形成社会发展所需要的道德规范和思想素质。思政教育教学的导向指引是实现教学目标的关键，其既是促进社会和个人的全面发展的要求，也是马克思主义理论与时俱进和教育多样化发展的需要。

（二）整体性

整体性在思政教育教学中首先体现在教学中的每一阶段和环节中，其

次还体现在教学内容的整体性，思政教育是向学生传授马克思主义理论知识，这一理论具有完备的逻辑体系和框架，其发展历程也具有整体性。思政教育教学的导向指引下的整体性主要表现在以思政教育为教育教学内容并引领教学的正确方向，而这门课程本身就具有完整性，在教学过程中首要的是让学生认知和了解这门课程和教学内容及其思想的整体性，而不是对某一部分具体的知识点进行深挖。在教学过程中，不应把认识某一具体知识的目的作为教学的第一要务，否则学生将无法掌握这一教学内容的思想，更无从谈起对知识、思想的转化。

思政教育是一门兼具系统性、完整性的课程，可将各种性质类型的教育教学因素整合到教学过程中，并能引导学生把感性认识或零星观点转化成一个整体的思政素质，其教学最重要的一点就是要使学生对马克思主义理论的价值立场、观点等思想的认识转化为信念，因此在教学过程中一定要重视对整体性的把握。思政教育教学从根本上来说，也是思政教育范畴体系的重要组成部分。这一范畴系统是一种思维形成的存在，由不同的要素、层次而构成的一个整体结构，其变化发展集中地体现了辩证逻辑整体的运动过程，在过程中不同的要素、层次之间，整体与层次、要素之间，整体与外部事物之间都有着各种联系。思政教育教学作为一个学科体系的重要组成部分，必然要求通过思维形式来系统反映其包含的要素、层次，使教育者和受教育者从中获益。思政教育教学体系是从本质上揭示了各个联系以及范畴之间的运动轨迹和规律。

（三）层次性

思政教育教学的层次性表现在这一教学既然是一个教育教学的整体系统，其间必然具有教育教学的局部层次。思政教育教学体系的划分是依据逻辑思维的组织、推演及运行规律展开的，继而形成了由起点、中心、中项、成效和终点等范畴构成的这一具有逻辑性和科学性且合理有序的范畴体系。普通高等院校思政教育教学是围绕中心范畴，然后从起点范畴开始，经过中项范畴、成效范畴最后到达终点范畴的动态运动和发展变化的过程。这个过程动态简洁地揭示了普通高等院校思政教育教学体系中不同要素和层次之间的内在联系及运动变化的本质规律。思政教育教学的整体属性决定了其不能孤立存在，只有体系完整、各要素层次分明、合理有序地联系在一起，才能科学地反映思政教育教学的本质规律。正是由于普通高等院校思政教育教学的整体性特征，其结构与层次之间彼此关联、相互作用。一是指系统与要素环节具有稳定的关联性，即其范畴体系中的各个具体范畴均有固定的位置和作用等；二是指层次与层次之间具有关联性，即指这一教学内的每一逻辑层次之间都是彼此相连的，具有逻辑规律的关系。正是由于这种系统与要素、层次与层次之间的关联性，使得这一教学体系的结构成形，并具有稳定性。关系是结构得以存在的前提，也是构成系统的基础，而只有系统内要素间得以稳定才能形成彼此之间稳定的关系，任何事物的整体性质都是每一部分之间相互依存又相互制约的关系来体现的。

在思政教育教学体系中整体与任一层次、层次与层次之间都有着相互制约与依存的关系。思政教育教学不仅具有导向指引下的整体性特征，而且还具有教育教学过程中的层次性特征，从而能够把这一系列的动态联结为合理有序、层次结构分明的有机统一整体，从而就构成体系。综上，思政教育教学具有导向指引下的整体性和教育教学的层次性的特征。

二、科学性与利益性相结合

（一）科学性

思政教育教学的科学性在于其所概括和反映的内容，即思政教育教学的科学性，思政教育教学通过教学实践活动使学生形成社会所需要的思政道德，培养学生全面发展的综合能力。马克思指出无产阶级社会中，就是要让社会成员的能力得到充分的发挥，而思政教育就是遵循着这一观念展开其教学活动的，以期通过教学使学生的观念得到最大化的提升。社会的发展及其实践活动都需要理论的指导，理论是发展的动力。思政教育教学实践活动以马克思主义理论为基础，向学生传授其价值体系、立场、观点等，其教学就是在马克思主义理论的指导下建构的。这一教学的科学性还体现在其自身具有的客观实在性和规律性。在任何历史时期和政治体制下，普遍性是思政教育教学实践活动的特殊矛盾运动及其本质规律的一个基本特征。所以，客观性和科学性就构成了思政教育教学内容基本特点。任何历史时期和任一体制下的意识形态教育，基本都客观地反映了其内在的本质和固有的规律。它的科学性是绝对的，这一教学实践在一定的具体条件下具有相对不变性，保持其相对稳定性。辩证唯物主义强调的是要承认真理的客观性和绝对性，且真理是正确揭露客观物质的本质和规律的，因此承认这一教学的客观性就是承认了它具有绝对性。

（二）利益性

思政教育的利益性指根源于其本身具有的阶级性和意识形态性。其具体达成目标和服务的对象是由统治阶级的阶级性质和立场决定的。马克思历史唯物主义观认为，全心全意实现最广大人民群众的根本利益就是马克思主义政党鲜明的政治立场。毋庸置疑的是为无产阶级政党和广大人民群众服务是社会主义国家的思想教育的宗旨。

（1）思政教育教学的教学实践，既包括对原有教学内容的修正，也包括在现有的基础上更新内容，任何事物的产生都摆脱不了现实的因素，范畴也不例外，这一理论体系的构建会被当时的实践所影响，其结构体系是在对当前教学实践的总结、归纳和抽象，它的建构被许多条件限制，其不能对未来的教学实践进行完全准确的判断，故当前的范畴反映的内容是相对的，并不是绝对的。

（2）马克思主义认为，范畴是运动、变化和发展的。思政教育会不断地进行改革发展，其教学内容不断地扩大，教学方法不断地增加变化，人的认识能力和水平也在随着对事物的不断认识而不断提高，继而会有新的观点出现。

（3）正如辩证唯物主义观点强调的那样，事物在实践中是矛盾的状态，是不断变化发展的，会呈现相互对立、相互依存的状态，并能够辩证转化的，此时对立、彼时统一，这也是事物的一个过渡性和相对性特征。而思政教育教学的相对性就是对其教学实践中的基本矛盾运动及转化的反映。因此，思政理论课教学之间是能够辩证转化的，具有相对性。

三、客观性与主观性相结合

思政教育教学是客观内容与主观形式的辩证统一，它是对思政教育教学实践活中的各种现象之间的关系，以及教学的特性、教学方面等本质的一般概念的概括和反映。思政理论课教学的客观性与主观性的统一体现在两个方面：一方面是其的内容来源是客观的，一点也不能离开客观实在性；另一方面是从形式上来说是主观的，它是内容这一客观存在的反映形式，人们通过自身的主观能动性，对教学实践的具体内容进行能动的思考，对其进行能动的反映和改造。假如没有通过意识和思维对教学实践的客观内容进行主观创造，其也就无法将客观性和主观性统一在特定的思政教育教学实践活动中。

思政教育教学的客观性是指其教学内容来自这门课程所研究的特殊领域的教学实践，包括具体的课堂教学和实践教学，且其所固有的本质和规律性是不以教育者的主观意志为转移的客观实在。思想、知识、行为，教师与学生，理论教学、实践教学、管理教学，理论灌输与情感共鸣等都是这一教学实践的内容，它们都从属于意识层面，但其都不是由主观意念自主产生的，范畴体系的构建都是从实践中产生，是教学实践的结果，是对实践的科学分析和抽象，所以它不同于不以人们意志为转移的，独立于人们意识之外的客观实在性的物质的客观性。思政教育教学是对教学实践活动的本质和规律的反映。因此，从其范畴内容的来源和它建构的过程、趋势等来看，它都具有客观性。

研究理论问题时，我们需要充分调动人的主观能动性，人们的主观性将思政理论课教学的研究领域中产生的具有客观实在性的原材料进行加工制作，这种加工制作就是通过人脑对客观实在进行理论思维的创造活动，使其在表现形式上具有主观性。就如我们在讨论教学问题时，不能把教学的内容和反映形式割裂开来，只承认教学的主观性或者只承认客观性，都是片面的，都是错误的，普通高等院校思政教育教学是主观性和客观性的统一。

四、实践性与认识性相结合

通过实践和认识的不断反复运动，人们在对从教学实践过程中得到的原材料运用头脑的主观的理论思维形成最初认识，在最初认识的基础上进行反复推敲，分析研究，总结归纳教学实践的内在的、本质的特征和现象，继而对这些现象的普遍联系进行分析研究，得到各种现象的内在联系和共同本质，从而形成思政教育教学的实践性。其实践性表现在两个方面：首先，源于思政理论课教学实践并服务于思政理论课教学实践。其次，这一特性对培养大学生正确的马克思主义价值立场、方法、观点等具体的、现实的教学实践活动具有指导作用，是影响教学目的和教学效果达成的重要因素。

普通高等院校思政教育教学在本质上是教师与学生之间不断实践，不断提高认识，再用"认识"指导实践并得出新的认识。老师的教与学生的学就是构成这一特殊教学实践的统一结合体，从而作为反映教学基本概念的范畴具有实践与认识的统一性。教学的根本属性就是实践，其从实践中得出，也反作用于实践，为实践做指导。基于思政理论课教学实践活动而展开分析研究构建得到思政教育教学也是实践和认识的统一体，具有实践和认识的统一性特征。

思政教育教学对体现中国特色社会主义思政教育教学追求最重要的价值，体现在其能对培养大学生的马克思主义理想信念的教学实践产生指导作用，表明其与培育普通高等院校大学生的思政修养和德育教育教学的现实的教育实践是紧密结合的。首先，具体体现在通过范畴对教学实践的指导，有助于学生对教学实践活动产生正向的思想认识。其次，因这一理论的形成与发展都源于实践，思政教育教学中的研究人员可以在实践中检验理论的正确性，促进对理论的认识发展，降低其在建构中的盲目性。

思政教育教学是实践和认识的支点，不仅仅因为它是教学实践活动的产物，更是教学实践与理性认识活动的产物。思政教育教学的实践活动形式越多样、内容越丰富、层次越深入，揭示其各种现象的内部的、本质的联系更深入，从而形成更深刻、更精确、更科学的体系。

第二章 大学生思政教育的改革与创新

本章内容为大学生思政教育的改革与创新，主要从三个方面进行了介绍，分别为大学思政教育现状、大学生思政教育改革创新策略、大学生思政教育新型教学模式。

第一节 大学生思政教育现状

一、全球环境方面

（一）大学生爱国主义教育受到全球环境的影响

当今社会信息化迅速发展，其中对人们生活影响最大的就是互联网的发展。互联网的蓬勃发展为人们提供了更多的信息资源，其中包含着大量的没有经过筛选的信息。一些不良的信息对人们产生潜移默化的影响，使得一些人无意识地卷入了享乐主义的大潮，在不知不觉中已经沦为了享乐主义的精神奴隶，他们生活的全部希望就是挣钱和花钱，只能在这个过程中寻求一种虚幻的满足感。在这浅薄的满足感的背后隐藏着很多消极的后果，如焦虑、不了解生命存在的意义等情况。全球一体化很容易让人们的主权意识变得模糊，没有了明确的界限，并且极大地削减了人们对国家和民族的感情，这样将会极大地影响民族和国家感情为基础的思政教育。经济全球化、政治全球化和文化全球化造成了人类面临的全球化问题已经愈演愈烈，比如核武器的扩散、温室效应、贫富差距以及人们对本国的感情淡化等等，这些都需要人们注重全人类的利益，从全人类的利益出发，要求人们在价值观方面不能固守成规，要超越国界，思维方式也不能拘泥于一定范围，因此思考问题的方式也要从不同的角度出发。

由于不同的历史条件和环境的差异，造成在这些条件下产生的思政教育理论体系也存在很大的差异。并且这些理论特点由于文化背景的不同存在一定的差异性，各自都有特殊性，而且是符合人类的发展规律的。伴随着全球化的发展，大量外来文化涌入中国，一些国家利用产品的文化魅力吸引着我国的消费者，久而久之，一些人就对他们的价值观念会不加选择地吸收。

那些表面上看上去轻松活泼的文化表象对我国的青少年的影响力是很大的，这些新鲜事物让他们觉得耳目一新，因此强烈地吸引着他们的眼球。全球化趋势的蔓延使得民族、地区间的界限变得越来越不明确了，各种观念也变得日益模糊，他们观念上的改变导致他们的生活方式也逐渐发生了变化。全球化使得国家意识形态面临着危机，极大地影响了我国思政教育的地位。因此，研究如何应对意识形态边缘化的挑战是很有必要的，努力使大学生对思政教育更有兴趣，这项工作的进行已经迫在眉睫。

（二）我国高校思政教育受到全球文化的影响

随着社会的不断发展，教育全球化、网络化已经成为一种必然趋势。全球的网络信息化普及创造了一个平台，为思政教育工作提供了新鲜的血液和一种崭新的传播载体。阿尔温·托夫勒（Alvin Toffler）曾经提到时代的文化霸权主义，就是指未来拥有互联网掌控权、信息发布权和英语语言文化等优势以达到各种目的的人们，他们才是真正拥有霸权的群体①。当来自不同国家的文化相遇产生碰撞时，事实上最终的冲突结果不仅仅是表现在军事上或者是地域上的，还应该是文化上的。这样的结果通常表现在一种语言文字对另一种语言文字的吞噬，并且在意识形态领域得到体现。这种文化所造成的影响不仅仅是对中国而言的，也表现在对非英语国家的影响，存在着一定的威胁性。

---

① 阿尔温·托夫勒著，吴迎春等译. 权利的转移［M］. 北京：中信出版社. 2006.

二、教育环境方面

(一) 社会环境阻碍了思政教育的发展

从社会方面来看，一方面，改革开放的深入以及全球化趋势的不可逆转，致使众多西方资本主义所谓的自由、民主思想涌入我国，部分民众受其影响，言语和行为都表现出"国外月儿圆"的思想趋势。同时，改革开放的不断深入也造成了我国利益格局的嬗变。普通高等院校大学生的知识储备和思辨能力受限，受社会中西化思想的影响，对于西方的政治、文化和社会环境都充满了好奇和向往，表现出较为强烈的兴趣。除此之外，社会利益格局的变化也使得普通高等院校大学生的逐利性更强烈，在三观还未健全的阶段受到如此大环境的影响，使其对思政教育的内容产生疑惑，呈现出理想信念模糊的状态，严重妨碍了普通高等院校思政教育的顺利推进。另一方面，不良社会风气、道德失衡的现象和因素对思政教育提出了巨大挑战。随着社会的不断进步和发展，人们的思想也随之出现了潜移默化的改变，社会各方面因素的嬗变导致人们的思想问题也日益凸显，给思政教育带来了巨大阻力。社会中诸如此类的不良思想和行为，与普通高等院校所开展的思政教育内容形成鲜明的对比，普通高等院校大学生思想意识尚未成熟，这些不良思想和行为严重干扰了学生的认知，使学生对思政教育内容与现实情况产生矛盾化心理，对思政教育内容和德育内容产生疑惑，给普通高等院校思政教育工作的开展带来阻碍。

(二) 校园环境影响了高校思政工作的推进

从校园方面来看，一些普通高等院校学生的学风以及学生工作的作风上存在影响思政教育的消极因素。近年来，部分大学生在学习中也表现了强烈的功利心，如部分普通高等院校学生为了获得评奖评优等荣誉称号，学术造假，给普通高等院校的学风造成了极大的负面影响。此外，学生干部工作作风也受功利主义、个人主义以及社会家庭环境的影响，某些学生干部出现趾高气扬的办事态度而缺乏服务意识，丢失了作为中国共产党党员和学生代表的理想信念，影响学生干部队伍整体建设，间接影响着普通高等院校思政教育工作的开展。

（三）家庭环境影响了学生的思想

从家庭方面来看，一方面，学生的家庭成员的错误的政治站位和思想意识会直接冲击到学生的思想，对普通高等院校思政教育工作的顺利推进提出考验。这对普通高等院校思政教育而言无疑是巨大的挑战。另一方面，家庭成员的一些不当行为也会对大学生的思想产生影响。如家庭成员定期参加或举办一些封建迷信活动，让学生产生思政学习内容和生活现实极其矛盾的心理，极大地冲击着学生的思想，这对普通高等院校思政教育而言无疑是巨大的挑战。

三、教育观念方面

观念作为行动的先导，在不同的时代背景下所体现出来的内容尽相同。新时代背景下，普通高等院校教育工作者在教育过程中所表现出来的传统的教育观念，相较于当代热衷于追求新颖事物的年轻一代，显得格格不入。

（一）教学模式有待创新

大部分教师对于教学过程中的模式和方法依旧是保留着传统教育观念，对于运用新媒体、网络教育等学生所热衷的时代化产物接受度相对较差，运用到教学过程中的成效微乎其微，无法将其物尽其用，充分发挥出教育的影响力。习近平总书记关于意识形态工作的重要论述所体现的科学观点和方法，是时代化背景下全党集体智慧的结晶，是在面对我国意识形态领域出现的新情况而做出的实事求是的正确思量和果断决策，正是因为内容充分体现了时代化元素，才能更具针对性地处理和应对我国意识形态的各种问题和挑战。当前普通高等院校思政理论课大多以"百人大课"的形式开展，教师无法关注到学生的个体思想需求，降低了普通高等院校思政教育的实效。因此，普通高等院校思政教育者应多从时代化教育以及新受众的思想行为特点入手，因材施教、实事求是地进行教学模式的创新思考。

（二）师生关系有待改进

部分教师依然保持传统师生关系的旧观念，未能随时代的发展建立起新型的平等师生关系，在教学过程中以严肃的形象和话语威慑学生保持良好的课堂学习状态，学生有疑惑而不敢言，无法形成教育的良性互动。普通高等院校思政理论课内容本身枯燥，加之师生间互动交流太少，思政教育的亲和力和说服力得不到彰显，加深了学生对于思政教育枯燥刻板的印象。这也是影响思政教育成效的另一重要因素。

（三）存在形式主义

在"课程思政"教育模式的切实贯彻过程中，部分普通高等院校存在形式主义的问题，教师在教育过程中未能将思政知识内容有机地融入专业课程中，存在思政教育与其他专业课仍然是两个独立部分的昔日窘况。

四、教育机制方面

健全且良好的机制是普通高等院校思政教育工作达到最佳成效的有效保障，可见健全的机制对于普通高等院校思政工作的重要意义。

（一）课程机制有待完善

大多数大学生通过普通高等院校思政教育课堂接受思政知识，由此可见，普通高等院校思政理论课发挥了极大的教育影响。部分普通高等院校对于教材的更新和最新政策、最新会议精神传达不是很及时，这就造成了思政教育内容以及会议精神内容传达的延时。作为思政教育的"主渠道"，普通高等院校思政理论课务必及时将马克思主义中国化的最新理论成果加入教材、贯穿课堂并扎根于学生心中。

（二）考核机制有待健全

普通高等院校思政教师是对大学生进行思政教育的主力军，因此务必要完善对思政教师工作内容和教育成效的考核机制，才能敦促其更好地开展教学和提升自身水平。目前，普通高等院校对于思政教师的考核重点依然是科研项目以及论文发表数量等学术方面的内容，而真正作为思政教师核心工作内容的育人成效考核以及自身思想素质、知识理论水平的考核却没有明确的制度规定。再次，普通高等院校协同育人机制不完善。当前普通高等院校思政教育队伍的主要力量来自于思政教师以及辅导员老师队伍，并未做到全员育人，协同育人机制流于形式而未能切实贯彻，普通高等院校教育教学与思政教育的衔接度和配合度不高。

（三）思政教育网络化机制有待提高

作为时代化背景下的新产物，网络以其便捷、迅速和高效的教育特点，成为思政教育的重要载体，不仅能够延长教学过程，同时增强了教学影响。但在运用和监管过程中缺乏相关机制。一方面，从调查结果来看，一半的大学生对于学校是否开设网络思政教育平台并不明确，可见普通高等院校思政教育对于网络的运用机制及管理机制并没有深入学生心中，网络思政教育平台形同虚设，对其的运用和管理流于形式，没有充分发挥其促进教育成效的作用，学生的认可度和接受度相对较弱；另一方面，习近平总书记关于意识形态工作的重要论述中的网络论述强调了网络对意识形态工作和建设的重要性，对于普通高等院校思政教育而言更应该关注到网络的正负影响，在利用好网络的同时，也要注重完善普通高等院校网络防御机制和舆情预警机制。目前，普通高等院校对于校园网络的监管也没有形成成套、合理且科学的监管机制，对于校园网络疏于管理。在 2020 年疫情防控期间，各类普通高等院校更大规模地运用起网络教学平台进行线上教育，这次的疫情防控成为网络进入教育教学的助推器，但不免看出各级各类普通高等院校在面对疫情出现时将网络运用于教学的仓促和生疏，可见普通高等院校在日常当中并未建立健全网络化教学体制机制。

五、教学方面

（一）教学模式单一

当前我国大部分普通高等院校都在积极地进行课堂改革，部分学校探究出了新的教学方法，取得了明显的效果，但事实上有一部分普通高等院校仍旧没有改变传统的教学方法。思政教育是教师和学生一起参与并且积极发生互动的过程。因此，在思政教育过程中，教师和学生都应该加入课堂中并且积极地进行交流，但事实上部分教师在教学时仍然使用的是"满堂灌"的传统授课方法。这种传统的方法使得教学变成了单一的输出，学生没有积极地参与到课堂中，从而导致学生对课堂内容没有兴趣并且也缺乏投入学习的热情，所以传统的授课方法不能很好地体现学生的自觉能动性和自主性。

（二）教学模式有待创新

习近平总书记关于意识形态工作的重要论述是在不断总结我国历届领导集体关于意识形态重要论述的基础上，结合我国实际国情与时代背景的新时代思想产物，充分体现了极具时代特色的创新性和与时俱进的特征。这样的时代性特征于普通高等院校而言应体现在教育模式与时俱进。一方面，习近平总书记关于意识形态工作的重要论述中的网络论述表明网络已经成为意识形态斗争的重要战场。大学生作为互联网时代智能产品的追随者，必然会受到网络信息的干扰和迷惑。在这样的现实背景下，已有不少普通高等院校反映时代的要求，建立起网络思政教育平台，但仍然有部分普通高等院校疏于网络思政教育平台的建设和发展，甚至有部分普通高等院校并未感悟到网络教育的重要意义、没能触及该领域，依旧保持传统的课堂讲授教学模式，教育模式呈现老化，无法吸引学生注意力、激发出学生对思政相关内容的学习兴趣。对此普通高等院校应及时反映时代要求，进化其教学模式。目前，"翻转课堂"教学、"微课"教学、"慕课"教学等都在其他学科上得到了积极的运用，同样在思政教育上也应该得到适当的运用。这其中就存在一个"度"的问题。思政教学内容的特性、教学科目的特点、学生年龄特点学习能力等决定了应该使其有针对性地进行改进式发展，而不应该盲目仓促开展新的教学模式。另一方面，目前普通高等院校思政教育课程内容相对独立，大思政教育模式还未健全，未能全方位将思政教育的相关理论渗透到普通高等院校教育教学过程当中。

（三）教学内容偏离实际

新时代背景下关于意识形态工作的重要论述彰显时代化的特质。对于普通高等院校而言，时代化是思政教育的内在要求。普通高等院校思政理论课教师向学生讲授教材内容，包括马克思主义理论以及马克思主义中国化的内容，这些内容是马克思主义理论在中国时代化背景下的产物，彰显了强烈的时代特性。尽管当前大多数的普通高等院校能够及时传达重大会议精神并及时更新思政教材内容，但仍然有部分普通高等院校忽视了这一工作，导致思政教育内容依然是陈旧的理论，没有体现出时代化的特点，学生缺乏对国家新政策及会议精神的正确认识。

我国普通高等院校部分教师在授课过程中只是照搬课本内容，讲解理论，思政教育本来就是理论性比较强的课程，这样容易造成生硬和枯燥的感觉。学生在课堂中感觉无聊就会渐渐失去学习的热情，不能很好地加入思政教育课堂，对所学内容不进行积极的思考，自觉能动性就很难真正体现出来。

（四）思政教学形式有待提高

教学内容的切实贯彻、教学任务的完成总需要一定形式的课堂或者其他教学方法来实现。近年来学校教育开始注重以学生为主体，课堂形式的重心开始向学生交流谈论为主偏移。为激发学生学习动机，学校开始用一些奖品、积分等激发出学生积极的状态，期望以此来激励学生去认真学习知识、提高能力。其中活动式教学法作为一个比较新的教学方式得到很多学校的推崇。但事实上对于活动式教学也是需要注意"度"的问题。活动是激发学生兴趣，引发学生独立动手实践完成任务的好方式，可是如果在课堂中活动滥用，往往会本末倒置，引起负面效果。比如，在思政课程中，新教材中插入了法治方面大部分内容。对于这一教学内容，课堂开展活动往往采取一些新形式的情景剧与图片等。这显然不适应于普及严肃理性的法治知识、引发法治意识和观念发展。因此，在教学形式的转变中对于教学内容教学阶段的针对性问题还需进一步完善。关于用活动等新颖形式激发学生学习动机问题也需要进一步探讨。

（五）教学主体应由教师向学生转变

我国思政教学的主体现今正处于一个变革的过程之中，尊师重道是我国教育传统形式，从我国古代延续至今的传统观念决定了教师地位与学生地位的不平等性特点。在新时代的教育和社会新的要求促使下，我国逐步由教师主体向学生主体转变。教师如何开展教学，如何认识学生、对待学生？这都要体现学生的主体性原则。在思政教学积极倡导以学生为主体的大背景下，各学校积极开发新的教学模式以改革、取代旧的教师主导的教学模式。

六、教师方面

（一）教师观念无法适应互联网时代

传统的普通高等院校思政教育过程中，教育者通常采用封闭、被动型的思维，但随着互联网的迅猛发展，各类互联网信息平台各显神通。在这个全面开放共享的时代，部分普通高等院校思政教育工作者跟不上形势，在初期始终无法接受"互联网+"时代教育理念已然发生改变的事实，缺乏现代互联网思维，甚至在教学中仍旧采用过去传统的教育理念。

（二）信息筛选能力有所欠缺

当前互联网信息平台中的信息资源鱼龙混杂，而普通高等院校思政教育工作者的筛选能力受自身知识水平的限制，互联网中信息平台中的"暴力信息""诈骗信息"以及"消极信息"等让许多教育工作者对互联网产生了消极情绪。

（三）利用互联网的能力有所缺乏

部分教师运用网络的能力不足，比如有的老教师不能充分利用互联网获取教学信息，不会用互联网信息平台进行教学资源的编辑整合，也不能熟练运用互联网信息平台进行思政网上教育，同时不少思政教育工作者不了解新时代的网上语言，无法与大学生形成互动和共鸣。

七、学生方面

普通高等院校思政教育的顺利开展并达到期望成效，需要多方协同发

力，其中最重要的就是教育者和受教育者双方的共同配合，在双向互动中完成教学任务并达到教学目标

（一）缺乏创造性

思政教育对象的创造性是其自主性的另一个表现，是学生在反映教师所传授的信息和自身思想品德状况的基础上创造出新的东西。对于新的教学方法和教学形式，不仅学校和教师可以研究探索，学生也可以积极参与进来，充分发挥自觉能动性。在普通高等院校，是教师扛起了研究新的教学方法的重担，学生没有积极参与研究的意识，未提出自己的意见和建议。在思政教育课堂上有部分学生在学习以及接受教师传递的信息的时候，采取消极的态度，没有与教师进行积极的互动。

（二）缺乏自主能动性

随着我国普通高等院校改革力度的普遍提升，所有普通高等院校对思政教育水平的提高都愈发地重视起来，并且纷纷对思政教育课堂教学进行改革，改变传统的单向传输的授课方法，创新思政教育方式方法，突出学生的主体性地位，提高大学生思想道德素养。在进行课前预习的时候，有一些学生对于教师的安排过于依赖，不能独立完成学习计划和目标的设定，没有将其自身的自主性发挥出来。在学习过程中，仍然有部分学生已经习惯了传统的思政教育方法，只喜欢听教师讲课，不愿意主动思考问题。对于教师新的教学方法没有给予积极的反馈，对教师所教授的内容也没有进行积极的思考，表现出思维惰性，更不愿意与教师进行积极的互动交流。对于教师所讲的思想品德要求，也没有与自身进行对比反思，调整自身的不足，处于被动消极的状态，而且欠缺思考怀疑的能力，不注重发挥自身的创造性。

思政教育对象的自主性表现在学生对教师所教授的内容和知识进行自主学习、自主选择、自主吸收。学生在思政教育中积极参与活动，对于教师教的知识进行主动的、选择的学习。在思政教育课堂中，大部分学生都能够自主地、有选择地学习思政教育内容并内化为自己品德的一部分，但事实上也有部分学生对于所学内容相对比较消极，没有积极地进行选择。教师在课堂上努力地讲课，学生却不关心教师讲的内容，只是关心考试的

内容，对思政教育内容缺乏思考，自主能力差，不能安排好学习计划和学习目标，没有将教师所教授的内容内化为自己的道德修养。

（三）价值观有所欠缺

当前，部分大学生受西方思潮影响而产生的享乐主义、个人主义等负面思想以及在社会主义市场经济影响下而产生的功利主义、利己主义等思想，与我国所推崇优良传统精神形成对立。部分大学生受多元化价值观和思想的影响，出现了奢侈浪费、攀比心理等价值观问题，导致校园借贷惨剧屡发不止；也有部分学生作为学生干部官僚气息过重，思想腐化，为学生服务意识较弱。

（四）法律意识有待提高

互联网的开放性和共享性使得信息的发表和获取变得十分容易，表现出"无屏障性"的特点，同时互联网信息平台给大学生提供了一个有匿名功能的虚拟空间，大学生可以隐藏自己的真实名字在平台中进行学习和信息的发表，他们可以不用在意他人的看法和评价，但事实上由于缺乏相关法律规范，部分大学生不认为自己的造谣行为要承担相应的法律责任，所以在微博、微信、公众号等平台中发表自己的观点和意见时，大学生受到其他思想的影响，也跟风地发布一些不实的消息，带来的严重后果是大学生无法预料的。

（五）高层次的理想信念有所欠缺

随着改革开放的不断深入，社会的利益格局出现了深刻变革，人们对于自身利益的追求更为迫切。这是特定历史条件下社会发展的必然结果。值得注意的是，普通高等院校大学生由于思辨能力和知识储备所限，受社会环境的驱使，更多地将自身利益缩限于个人的物质利益，将自身的发展游离于国家和民族利益之外，抛弃了对高尚理想信念的追求。大学生实现职业理想的目的是追求更好的自身利益和自身发展，这仅是低层次的自我理想，而并非为社会主义事业的建设贡献力量的伟大追求。

（六）对思政科学理论的真实信仰有所欠缺

根据调查结果显示，大部分学生表示自己对普通高等院校思政课持积极主动的态度，但由于我国普通高等院校的教育体制以及国家选拔类考试大多倾向于应试教育，因而呈现出重智轻德的现象，学生所表现出来的对思政教育积极的学习态度，绝大多数是应付考试或修学分，并非发自内心地接受思政教育知识，也并非真正信仰马克思主义等思政相关科学理论，因为教学模式和教学方法单一枯燥，与实际联系不紧密，造成了学生对思政教育相关科学理论"不实用"的心理暗示。加之信仰对象多样以及家庭环境的影响，大学生甚至出现伪科学、封建迷信的思想行为。

第二节　大学生思政教育改革创新策略

一、提高思政教育引导力

（一）促进思政理论中国化

普通高等院校是党领导下的高校，是中国特色社会主义高校，务必贯彻和切实贯彻党的教育方针和政策，坚持马克思主义为指导。普通高等院校引导大学生在原原本本读马克思主义经典著作的同时，注重与中国的实际相结合，将中华优秀传统文化作为思想基底，实现马克思主义与传统文化的结合。习近平总书记指出：坚持把马克思主义基本原理同中国具体实际相结合、同中华优秀传统文化相结合。普通高等院校思政教育的内容包含了传统文化教育，因此普通高等院校推进科学理论中国化的过程中，一定意义上也对普通高等院校大学生进行了传统文化教育。

（二）存进思政理论大众化

通过教育宣传马克思主义是马克思主义大众化最基础的方法。马克思主义理论只有被作为社会主体的大众所接受、所理解、所掌握，才能成为改造世界的巨大精神力量。作为指导中国具体实践的科学理论，其根本要求和内在要求就是马克思主义大众化。普通高等院校开设的马克思主义理论相关课程，意图通过有计划、有目的的教学活动，使普通高等院校大学生理解并接受马克思主义，同时将其内化为自身的一种信仰，指导和影响思维和行为活动。

一方面，在普通高等院校思政教育中，教育者应将马克思主义理论枯燥乏味的语言转用生动、形象、诚恳的表达方式将其内涵传达给学生，同时借助鲜活的案例和感人的事迹，在真实的教育情境中，让学生感悟科学理论的先进性和真理性。

另一方面，普通高等院校通过在校报、校园专栏以及微信、微博公众平台等刊登或发布大众化马克思主义相关内容，以深入浅出、生动活泼的语言文字，将通俗化的马克思主义理论运用于分析当前热点事件和时代大势。

普通高等院校思政教育大众化，更是国家未来稳定发展的基础。普通高等院校培养了无数科技文化精英，他们承载着国家未来发展的重任，将通过与社会的互动对社会各方面的发展产生影响。普通高等院校思政大众化就是要将马克思主义理论转化为思想武器，内化修养，外化行为，是维护社会稳定、国家发展的前提准备。

（三）促进思政理论时代化

任何一种思想的出现都是特定时代的物质世界和精神世界的反射，反射出时代赋予的任务和要求。推进思政教育科学理论时代化，即推进思政教育过程中马克思主义理论时代化。马克思主义科学理论能够拥有强大生命力，历久弥新，正是因为其不断符合并适应时代提出的新要求、融入时代新元素并回答时代提出的新课题。推进普通高等院校思政教育科学理论时代化是普通高等院校面临的新的历史课题，普通高等院校思政教育的实效性正是体现在时代化。

首先，普通高等院校务必要重视理论内容的创新，紧跟时代发展的步伐，把握时代本质和时代发展趋势。普通高等院校对大学生而言是党和国家重要的"传声筒"，是向大学生传达最新理论、政策和会议精神的中间载体，因此更应重视将党的最新理论成果及时并准确地传递给学生，将党和国家的重大方针、政策和重大会议精神更新到思政教育的内容中，对于教材内容要做到及时更新并传送到学生手中，对于重大会议精神的领悟，普通高等院校应及时开展专题讲座或召开主题活动，帮助学生和教师解读和领悟重大政策精髓。

其次，普通高等院校的党团建设也应体现时代化的内容。普通高等院校党团是共产党人的摇篮，是普通高等院校党团建设的重中之重。其工作内容包括对积极分子的选拔、教育与考察，对预备党员的考察以及对党的路线、方针、政策的宣传和学习，因此作为思政第二课堂的党团，其内容也应体现时代化精神。

最后，时代化也体现在教育模式、方法和途径的与时俱进。普通高等院校应不断优化和改进教育理念、内容、方法以及环境，用符合时代的新理论指导学生，用全新的科技媒体辅导学生，用最新的教学方法引导学生，使理论知识更贴合学生生活实际。应做到理论内容的与时俱进和宣传教育手段的与时俱进，促进普通高等院校思政教育时代化，从而增强教育实效性。

二、教育目标考虑大学生的基本需求

在思政教育的过程中，既要坚持教育的基本方向、原则与要求，又要将受教育者的需求落在实处，充分掌握大学生的思想动态和需求是设置思政教育目标的前提性条件。在此过程中，要从人性化、个性化、制度化三个层面做到教育目标与学生需求的契合。

首先，在人性化层面上，从共性的角度全面客观把握大学生群体性的思想特征，对他们学习生活中的良好特性加以强化，对他们的不良特性加以抑制、纠正，将此确定为教育目标的基本内容之一。

其次，在个性化层面上，充分认识到每一个学生在智力、家庭背景、情感、心理、兴趣、特长等方面存在的差异性，一方面尊重个性的差异，另一方面极力避免因个性带来的冲突与摩擦，努力做到求同存异，这也应当是教育目标中不可忽视的内容之一。

再次，在制度化层面上，充分认识到制度规范对大学生思想、态度和行为的规范、调节、引导作用，在教育目标的设置中融入学生行为基本规范，使学生树立规则意识。

最后，教育目标的设置要注意将人性化、个性化、制度化三个层面的学生需求加以协调。

三、提高大学生自身主体性的塑造

大学生主体地位的发挥不仅需要从外在上转变错误观念、从目标上契合学生需求、从形式上创造更多的平台，还要从根本上内化为学生的内在目标诉求。学生只有能够自主自觉地意识到思政教育不是"要我学"，而是"我要学"，才能够从根本上改变不得不硬着头皮学的消极状态，从而有目的、有针对性地进行思政教育的改造，树立正确的世界观、价值观，做到提升自我，全面发展。要做到这一点，大学生要首先明确自身的使命。这一使命既与个人成长目标、家庭的期望紧密相关，也与新时代下社会进步、国家富强的社会责任相关，它们均不同程度地要求大学生要树立远大的理想与抱负，将接受大学学习的过程视为改变自身命运、满足家庭期望、影响社会发展、有效促进国家富强的必要手段。其次，大学生要养成良好的自律习惯。他们可以根据自己的兴趣、专业、特长、家庭背景等多种因素，明确自身的学习目标和学习内容，有计划、有步骤地学习，养成良好的自律性，能够做到自我认识、自我调控、自我矫正。通过良好的自律，大学生可以在有效的自我学习、自我提升中充分展现其自主地位。

第三节　大学生思政教育新型教学模式

一、疏导教育法

（一）基本内涵

开通壅塞的水道，使水流畅通，是疏导一词的释义。思政教育中的疏通是指让大家敞开思想，充分发表各自的观点和意见。导，即引导、开导，是指在思政教育中循循善诱，说服教育，对各种不同的思想与言论进行引导，让受教育者走上正确并且健康的轨道。

通过以上概念的归纳我们可以看出，要准确把握疏导教育法的基本内涵要从如下层面入手：

（1）重视"疏"的作用，疏导教育法是建立在教育双方地位平等、互相交流的基础之上的，即充分发挥了受教育者的自觉性、主动性，让受教育者讲出心中所想，教育者再根据受教育者具体的问题进行引导，是一种教育主体与教育客体思想、情感互相交流的方法。

（2）要重视"导"的作用，在教育过程中教育者要发挥主导作用，对受教育者所表达的正确思想观念予以肯定，对于不当和错误的言行进行说服教育，弘扬和宣传正确思想的方法。

（3）疏导教育法是一种有效解决人民内部矛盾的方法，应当本着"惩前毖后、治病救人"的原则进行，所以在运用的过程中主要是采取说理教育、真情感化、批评教育和循循善诱等方法进行。

由此可见，疏导教育法是由相互联系、相互依存的"疏"和"导"两个方面构成的。没有疏通环节的畅所欲言、广开言路，引导就无法顺利开展；没有引导环节的利导引导、说服教育，疏通也就失去了意义和价值。

（二）主要手段

疏导教育法是由"疏通"和"引导"两个方面构成的方法体系，"疏通"和"引导"都有其不同的主要方法。从"疏通"的角度来讲，有集体表达和个别谈话两类主要方法。集体表达是指针对群体性的问题让一定数量或特定组织的群众集体表达意见或看法，主要有民主讨论、干群对话等形式；个别谈话是指针对某个人的问题让个人充分表达自己的思想和意见，主要有书信表述、个别谈话等形式。从"引导"的角度来讲，以"导"的不同形式为依据能够把疏导教育法分为以下三个方面。

1. 分导

分导是指针对某个群体或个人复杂的思想问题而采取的分散、分步、分头而导的方法。分散而导是指针对某个群体共同存在的思想问题，通过逐个分散引导，对群体中每个成员在思想上存在的问题加以有效解决，以切断群体内的不良思想串联蔓延的方式，从而将复杂的群体问题化整为零、逐个击破，最终有效解决群体问题的方法；分步而导是针对个体思想问题而言的，导致个人错误行为的思想是多方面的，教育者要分清主次、分清轻重缓急，要抓住主要矛盾的主要方面，充分挖掘受教育者问题产生的根源，根据一定的顺序有步骤地进行有效解决；分头而导是指教育者集中各种人力物力，对集中而严重的思想问题进行全方位引导的方法，要整合各种教育资源、利用有利环境对受教育者进行帮助教育，以化解受教者的不良情绪，有效解决其思想方面的问题。

2. 利导

利导是指教育者要善于抓住有利的时机和环境，对受教育者进行有针对性的、深层次的教育，通过及时的、生动的教育使受教育者真正理解并接受正确、积极的思想。有利的时机可以是正在发生的大事，如"国庆节"时，可以组织学生集体收看阅兵式，使青年学生通过对我国强大的军队和国防力量的直观了解，感受到伟大祖国的强大，深刻体会中华人民共和国成立以来党带领全国各族人民进行社会主义现代化建设取得的伟大成就，从而使学生自觉产生爱党爱国的热情，达到教育的目的；教育者也可以抓住某些重大的事件和节日组织开展相关教育活动，如在三月份学雷锋活动月开展的各类志愿服务活动，组织青年学生通过志愿服务的实践，深刻体会到奉献社会、助人为乐的价值，从而引导青年学生积极践行雷锋精神，内化为自身的品德、外化为良好的行为，有效促进教育对象"知、情、信、意、行"的转化，最终形成良好的思想品德。

3. 引导

所谓的引导也就是启发诱导，是指教育者运用"提出问题—分析问题—展开讨论—统一思想"的思路，引导受教育者积极运用头脑进行思考，并通过思想碰撞和比较分析使受教育者学会透过表面现象探究事物内在的必然的联系；通过对事件正反两方面的解析，使教育对象学会用全面的观点来看问题，能够在面对诱惑时保持谨慎，面对挫折时勇往直前；通过开导受教育者改变原来狭隘短浅的认识，引得其学会在用全面的、发展的、联系的观点看待问题，来开阔受教育者的视野，拓展其思维；通过用已知的事实作为依据，使受教育者认识到不良思想导致的严重后果，以达到放弃原有的错误想法，从而走向正确思想轨道的目的。

（三）基本特征

1. 民主平等

这是疏导教育法运用的前提和基础，也是其首要特征。民主平等首先是指在进行教育的时候，教育者与受教育者的地位是平等的，双方以平等的身份进行交流，受教育者有表达意愿和想法的权利；其次是指教育双方要进行互动，对于某个特定的问题，教育双方都发表见解，对方讲话时，另一方要认真聆听并进行讨论，并就其不明白的地方进行提问，就其不同意的内容进行反驳，是一种朋友式的探讨；再次，教育者也要对受教育者正确地思想进行肯定，对其错误的思想进行批评纠正，是一个互相交流、互相探讨、互相提高的过程，摒弃了教育者居高临下的一味灌输，不给受教育者任何表达想法的权利的传统教育手段。

2. 主体间性

主体间性是主体间关系的规定性，指主体与主体之间的相关性、统一性、调节性。主体间性是两个或两个以上主体的内在相关性，它的基础是个人的主体性。疏导教育法的主体间性体现在教育主客体之间是相互影响、相互转换的关系。受教育者的主体性体现在可以充分、平等地表达自己的意愿和问题，并对教育者的理论有辩论和选择的权利，教育者的主体性体现在对教育活动的组织和设计上，以及对教育对象正确思想的弘扬和错误思想的纠正过程中；教育主客体之间的互相转换体现在教育双方是一种交融性的存在，是一种"主体—主体"的思维模式，即是一种教学相长、青蓝互滋的和谐状态。

3. 人文关怀

这是疏导教育法的情感延伸，也是疏导教育法有效性的重要基础。疏导教育法要求教育者认真倾听教育对象的思想和意见，当然也包括情感层面的问题，并且要求教育者将情感内容作为核心话题与教育对象进行交流探讨，在帮助教育对象的过程中不仅是理性内容的灌输，更重要的是情感问题的疏通，只有疏通了情感才能使教育对象以良好的风貌和积极的心态来接受正确的思想。教育者要真正将教育对象当成自己的家人、兄弟和朋友，真正地关心他们、关注他们的实际问题、关注他们的发展；疏导教育法要求教育者肯定人的个性与价值，尊重并关心教育对象选择的权利，维护并支持教育对象的个性发展。

4. 针对性

这是疏导教育法取得实效的基石。疏导教育法要求教育者在认真倾听教育对象提出的具体问题的基础上进行分析辨别、归纳总结。要针对不同教育对象的不同问题采取不同的方法，具体并且实际地为有效解决教育对象存在的问题提供帮助；对教育对象的合理诉求应该积极地进行反映，搭建好沟通的桥梁；要善于借助各种环境、充分运用各种人力物力条件形成教育合力，帮助教育对象有效解决大的问题；要借助具体的典型、理想或价值给受教育者以直观的感受和刺激，使受教育者明辨是非、明确努力进步的方向；要关注受教育者个人的要求，帮助教育对象有效解决与自身成长和发展相关的实际问题，最终使教育对象真正得到帮助。

（四）疏导教育法的必要性

从疏导教育法的定义出发，就会发现其与一般的思政教育的方法最大的不同在于疏导教育法强调对学生的分导、利导与引导，这是强调师生思想互动与交流碰撞的过程，而绝非是一种单方面、单向度的灌输。这种方法是符合学生以及社会发展的需要的。

（1）疏导教育法重视民主平等，符合师生关系的内核。民主平等指的是教育过程中，双方的地位是平等的，双方都能够平等地表达自己的想法并对这些想法进行充分的交流与互动，同时对于某个特定的问题，双方都必须发表见解，而不是教师占绝对的主导地位。在普通高等院校以人为本、立德树人的大的教育背景之下，疏导教育法的这一点恰恰契合了当今学校想要构建的一种师生关系。其给予学生充分的权利表达自身的思想情感，摒弃了教育者居高临下灌输的这种做法。

（2）疏导教育法强调针对不同的学生采取不同的教育方法，为有效解决受教育者的实际问题提供帮助，这种方法的针对性更强并且能够发挥更大的作用。疏导教育法要求教育者必须要认真倾听受教育者思想上的问题与困惑，并且在此基础上对问题进行总结梳理，帮助学生完成自身的成长。整个过程中，都十分注重受教育者自身的看法与感受。教育中，每一个个体都是与众不同的，只有建立在对学生本身个性的了解的基础上，才可以为有效解决学生思想方面存在的困惑提供帮助，并且与教育的基本规律相符合，也能够更高效更有针对性地对学生进行教育。

（3）疏导教育法在普通高等院校中有很大的适用性，使用起来非常广泛。疏导教育法是随着我党的思想教育的创立而产生的。可以说，疏导教育法与思政教育是相辅相成、骨肉相连的。运用到普通高等院校中，疏导教育法对正处于思想价值观形成关键期的大学生来说，强调对学生本身状况的关注，具有很好的适用性且易于操作，因此在普通高等院校当中运用得非常广泛。思想教育工作者常常在不知不觉中使用疏导教育法对学生进行劝导，无论是专业课还是思政理论课，教师一般会在与学生进行交流的时候疏导整理学生的思想，与学生交流沟通。但这大部分都是在一种无意识的自主情况下使用的，而缺乏具体的训练，也常常导致很多问题的产生。

（五）运用疏导教育法的措施

1. 营造民主氛围

随着我国社会主义制度的不断完善和社会经济的不断发展，我国传统的师生等级观念逐步被打破，教师与学生以平等的身份参与学习过程，这在客观上为疏导教育法的应用提供了有利的条件。要营造民主的制度和氛围，可以在教师与学生之间建立平等对话双向沟通的机制。比如：建立网站，教师轮班在线，当学生遇到问题的时候，不管是什么时候或者处在什么地点都能与教师进行交流；设立学院短信提醒服务，每周给学生发送温馨的贴士，对学生的生活与学习起到关心的作用；公开书记和校长的邮箱，让学生可以畅谈自己遇到的问题。通过机制的建立，教师要清楚、完整地了解到学生的问题所在，把学生的错误思想拉到正轨上。平等机制的建立不仅需要教师和学生的合作，更是一种信任，所以我们要激发学生的积极性，让教师与学生共同探索民主氛围营造的方法，这样也更能符合学生的心意，更容易被学生接受。此外，鼓励和支持学生有组织、合理地表达诉求。学生可以通过广播、微博等合理地表达自己的诉求，尤其是大部分学生都共同反应的诉求，学校应该积极地与学生进行沟通。

2. 构建相应的教育环境

疏导教育法的顺利开展需要一定的物质基础，学校要为疏导教育法的开展提供良好的场所、给思政教育课程提供合理的课程安排，为思政教育课提供新型的技术和设备。首先，学校需要为疏导教育法的运用提供固定的场所和固定的时间，方便师生间的交流与沟通，学校也要为疏导教育法的运用提供不固定的场所和时间，对于一些突发的问题，矛盾尖锐的亟待有效解决的问题能够灵活地处理。其次，学校需要为疏导教育法的运用安排相应的课程。每一个方法都有自己的理论知识，有自己的专门概念、范畴和术语，因此在操作方法之前需要对理论进行学习，了解疏导教育法的概念、表现主要手段、形成原因，等等。在对基本的疏导教育法有了了解后，教育者应更加深入地研究疏导教育理论，组成课题小组，在理论成功的前提下，加以实践，从而推进疏导教育的发展。

3. 创新主要手段和载体

教育者需要对自己在实践中形成的疏导教育方式进行及时总结，提高对疏导教育的理解，有效地运用疏导教育法。教育者可以加强疏导教育知识和心理学知识的结合，了解普通高等院校学生的心理特点，从而跟学生进行更加有效的交流。教育者可以用马克思主义理论教育学生具有高尚的思想道德情操，积极乐观的态度，革命探索的精神。教育者可以加强网络技术的运用，从而扩大疏导教育的应用平台，拓宽疏导教育的应用范围。随着社会经济的发展，传统的书信、面谈，在教育中发挥的作用越来越受到限制，学生也不愿意接触，教育者应该在疏导教育法加强对于新科技的应用，包括建立局域网络、开通教师问答专线、手机短信温馨提醒等新科技手段。

二、"融入式"教学模式

"融入式"普通高等院校思政工作坚持以人为本理念，注重潜移默化育人，切实开展第二课堂，鼓励实践教学，奉行因材施教原则，提升整体素养；利用人文关怀的养成融入，各种信息媒体的融入以及思维水平训练的融入，在具体的实践教育工作中实现了显性和隐性的教育结合，同向联系与反向联系的结合，文化资源与教育资源的融合，以提高高等学校政治思想教学的实际效果，进一步开展高等学校的政治思想课程的教育体制的革新。

（一）教学实践

"融入式"普通高等院校思政理论课教学在原有的思想政治教学形式的前提下，利用人文精神培养的融入、信息技术教育的融入以及创新精神的教育融入，构建了一种让普通高等院校学生喜爱的生动有趣的思想政治教学方法。

1. 在思政教育中融入人文情怀

高等学校学生的人文精神关系到人的情绪、生活态度和价值观各个层面，对于思想政治教育工作者而言，希望他们不但具有科学精神，而且要具有良好的审美能力，还要具有优良的思想政治素养，学生的思想政治素养怎样，直接关系到国家的未来。人需要塑造灵魂，人文情怀融入思政工作，弥补了这一教育缺失。因此，要注重人文情怀的融入，探索思政教育的新模式。除此之外，其注重专业内涵建设，注重人才培养，立足学科和专业建设，狠抓教风、学风、考风，实施诚信考场，全校范围内首次开展无人监考，得到老师、领导的一致认可。通过人文情怀的融入，达到了思政教育育人的良好效果。

2. 在思政教育中融入网络媒体

充分认识并有效利用网络媒体，是高校做好思想政治教育工作的重要途径。思想政治教学的新媒介必须同传统媒介融合，提高效率。现在微文化发展的速度很快，普通高等院校学生的选择面更大，假如仅把过去教学的内容和形式如法炮制，是很不容易产生效果的，应当正确把握现代普通高等院校学生的思维和行为方式，从他们的现有生活找到有效的方法。所以，要接受大学生信息文化接受途径的新变化，积极参与创造网络电视、广播于一个整体的校内网络宣传新媒介，全面运用网络丰富的传输方法和科学的传媒技术，适应时代的需要，加强思想政治教育，建设校内新颖时尚的视听媒介生产和播放平台。加强他们的主人公意识，调动他们参与学校思想政治宣传教育工作的积极性。面对网络对当今思政教育的影响和挑战，各普通高等院校坚持教育与服务相结合，调动学生参与的积极性，推进网络宣传媒体的融入，充分利用毕博网站，QQ练习等主要手段进行形式多样喜闻乐见的思想政治教育。

（二）经验总结

在高等学校思想政治教师的带领下，这种"融入式"的思想政治教学旨在加课堂教育、具体的实践教育、信息教育的密切联系，显示思想政治教学的政治性、情感性、灵活性，全面切实贯彻提高高等院校学生的政治思想水平，让他们能够健康成长。

1. 坚持以人为本

高等学校作为社会主流思想意识形态主阵地和先进思想传播的前哨，承担着革新和发展思想政治工作形式的重任。而"融入式"的思想政治课程教育体制改革的创新必须满足人的全面发展的要求，既需要立足普通高等院校实际，坚持全员、全程、全方位运行机制，面向全体，基于专业，强化实践，贯彻始终，一切从大学生的实际出发，又需要强化对学生人文情怀与认知能力的培育，在育人核心理念上坚持以人为本。从人可以全面发展的视角，本着尊重学生、关爱学生的原则，切实达到尊重每一个人，关心每一个人和切身利益，激发人的潜能，激活人的创造力，并通过摆事实、讲道理等方式启发学生积极思考，满足学生的个性发展，使学生多方面的潜能得到充分发挥，促进个人的发展与整个社会的进步。并且，在教育之中融进我国的传统美德、心理健康知识、优秀历史故事等，不但提升了思想政治工作的有效性，还能达到润物细无声的效果。

2. 坚持因材施教

普通高等院校学生的思想政治教育工作如果要获得实际效果，就要求思政理论课的教师能够改方法，因人施教，提高整体素养，创新思政教育思路。普通高等院校思政教育的对象是在校大学生，"融入式"普通高等院校思政理论课教学体系的创新需要面向全体大学生，运用不同的思政教育方法，因时、因地、因人而异，正视矛盾的特殊性。

首先，针对不同阶段的工作任务开展教育，分段培养。学生思想的多元化决定了思政教育不同阶段教育方法的多样性，学校可根据学生入学时间的不同，确定不同阶段的教育目的和计划。学期开始，帮助他们制订好发展规划，在课程教育体制方面必须表现分阶段教育的思想，思政理论课教学内容须与时俱进，不断丰富学生的基本理论知识，促进学生学业水平的提高和学习能力的提升。中间关心他们的心理卫生问题，重视心理辅导，妥善处理好他们在校期间的各种心理问题，指导工作的重心放在对他们的实际工作能力的养成方面，助力学生把知识转化为能力，进一步提升学生整体素养。最后期间必须做好他们的就业培训工作，协助他们制订人生和职业发展的规划，进一步引导毕业生树立正确的就业观、择业观和创业观，正确掌握社会环境对人才的不同需要，积极创造全面培养人才的新局面。

其次，针对不同的对象进行分门别类的教育。在学校生活中，有关部门必须重视对困难家庭学生的照顾和帮助，特别是对那些单亲家庭的孩子要给予更多的关爱，对他们的心理压力给予疏解，帮助其树立正确的世界观、人生观、价值观，以更加积极健康的心态融入集体。思政教育工作要更富有人情味，进一步提升整体素养。

（三）特征

"融入式"思想政治课程在实践教学中实现了显性与隐性结合、正向与反向联系，也是高等学校思想政治课程体制的革新和大胆的探索。

1. 隐性教育与显性教育相结合

普通高等院校通过改革之后，学校的面貌、校园环境和人文精神构成一个完整景观对于学生思想政治素养的提升也起到了至关重要的作用。所以高等学校思想政治教师全面分析了普通高等院校的自然条件对他们影响，将它不仅作为一种物质形态而是当作普通高等院校育人课程的一个方面进行研发，在实践教育过程中让外界条件同学校精神文化氛围相协调，进一步提高思政工作的针对性和实效性。并且，融入式高等学校政治思想教育十分重视对普通高等院校文化方面与政治思想课程有关的隐性教育。假如普通高等院校的外界条件是普通高等院校精心谋划的自然环境，属于隐性思政教育的组成部分，那么学校的组织和制度则是一种显性教育因素。"融入式"大学生思政工作的隐性教育就在于营造一种充满整个校园的人文气氛，文化和人的精神方面的校园文化才是它的核心，这种文化才能表现普通高等院校的个性和本质，也就是真正的"校魂"。所以，"融入式"政治思想课程开发的过程中，立足于人的文化和精神方面的总建构，并且同显性的政治思想工作有机结合，经过普通高等院校的各种活动实现有效的培养教育学生的目标。

2. 正向衔接与逆向衔接相结合

正向衔接，即根据时间的同一性，依照从过去到现在的时间次序，达到高等学校思想政治教育的改革和创新目标。如果不懂得过去，也就没有理解现在，也不要说懂得将来，所以"融入式"高等学校思想政治教育重视实践教育的关系，不管是基本概念，还是理念的阐释，都必须向学生解读历史环境以及现在研究领域的成就，只有在了解以往的思想政治教育的基础上，才能在思想政治教育方面有所创新。然而，逆向衔接也能出奇制胜，效果显著。所谓逆向衔接就是指从现代思想教育政治过程中出现的各种现象和问题为出发点，回溯以往，深入探索当代思想政治教育工作思想根源和历史文化的关系，继而实现现代与历史的高度统一。"融入式"的教育方法在具体运用的过程中，把正向的衔接和逆向的衔接高度统一，在实践中使普通高等院校学生感悟深厚思想道德文化内容，对高等学校的思想政治课程教育体制的创新也是一种可贵的探索。

3. 文化资源与教育资源相结合

为实现文化的教育价值，将其文化资源以各种生动活泼、学生喜闻乐见的形式引入普通高等院校思政理论课教学实践中；在整合文化资源的基础上，遵循思政教育的特征和原则，根据时代变迁的要求赋予文化资源以时代意义，进一步实现文化资源与教育资源的融合；文化资源与教育资源相融合的过程，不是对文化的简单梳理和对教育的简单过渡，而是一种自然的转化过程。在教学实践过程中，充分尊重学生主体对文化继承的自觉性和能动性，帮助和引导他们在文化学习过程中与教育资源相结合，践行"知行合一"，提炼精品并推陈出新。

三、榜样教育方法

（一）榜样教育法的定义

榜样教育法是指树立先进典型，以先进人物的先进思想与事迹为榜样，对人们进行教育，提高人们的思想认识、道德素质和政治觉悟的一种方法。在德育教育中，榜样教育法能够发挥巨大的作用，具有示范性、生动性和激励性等特征。教育者要想自己的教育获得更好的结果，就必须要对上述特征有充分了解，将受教育者本身的积极性激发出来，并且对受教育者的潜能进行挖掘。在恰当的时间采用适度的榜样教育法，对于受教育者的个性发展与个人素质的提高可以起到促进的作用。但事实上，如果过度地使用榜样教育法就会导致受教育者产生心理疲劳，产生的效果与预期的效果相反，没有任何价值可言。传统思政教育采取的大多数都是社会化的育人模式，只重视为经济的发展提供服务，但却对个体发展的诉求熟视无睹。所以，要想让个体身心发展的需要得到满足，对人文理念进行完善，以此让受教育者的综合素养得到提升是必不可少的。

（二）榜样教育法运用存在的问题

1. 大学生对榜样的认可度不够

据相关调查研究发现，对同一榜样的认可度，大学生群体远远低于中学生。各种不良社会思潮的泛滥导致部分大学生对榜样有着严重的认知误区，对榜样的认可度不高。部分理论知识不扎实、道德素质不高的大学生很容易受到外界不良舆论的影响，对榜样产生不正确的认识和评价。

2. 榜样教育法不被重视

部分思政课中采取单一灌输教育模式，忽视榜样教育法的运用。时代在发展，大学生的思维方式也会因此而产生变化。有些普通高等院校实行的仍然是过场式"听课"的思政课堂，教师讲课，学生听讲，教师与学生之间缺少交流，课堂也几乎没有互动。极少数的教师在思政课堂中运用的仍然是单一的"填鸭式"灌输教育，做不到多种教育方法的综合运用。有的教师就算是使用了榜样教育法，也只是为了让课程更加完整，在向学生传达榜样精神的时候，只会采用口头讲述的方式。

3. 思政教师以身作则不到位

榜样教育法在思政课中的运用在很大程度上体现为教育者自身对大学生的榜样教育，教育者的一言一行都会对学生产生重要的影响。在进行实际教学的时候，少数思政教师作为思想教育者，不能给大学生灌输积极向上的思想观念和道德价值观，在课堂上随意发表消极不当的言论。甚至还有极个别教育者做出违背道德、触犯法律的行为，更是对大学生造成严重的负面影响。思政教师不能发挥模范带头作用，这是榜样教育法在思政课堂上失效的重要表现。

4. 大学生在榜样精神知行合一上有所欠缺

榜样精神难以切实贯彻到具体的榜样行为的一个重要的表现就是，大学生并非不想而是不能完成自己的知行转化。很多大学生表示，每次听完榜样教育的讲座或者观看完榜样人物纪录片都会深受触动，精神受到鼓舞。然而，受教育者在接受和认可榜样精神之后也无法百分百的行动确保以实际行动切实贯彻。要么是因为对榜样精神的感慨之情难以长时间持续，还没等去做那股热情就没了；要么是因为榜样实在离自己生活太遥远，找不到方式方法去切实贯彻。现实情况下，榜样教育活动很难切实贯彻到某一具体部门，也就很难有常规性、标准化的实践活动，也难以进行持续的跟踪和监督。众多原因都导致大学生没有将实践榜样精神看作是一个必须完成的环节，不能及时或者长久地实现榜样精神的知行转化。

（三）强化榜样教育法运用的途径

1. 完善榜样教育法在思政课程中的运用

（1）践行社会主义核心价值观

榜样教育要坚持选树多种类型的榜样。社会主义核心价值观蕴含着国家、社会、个人多层次的道德要求，普通高等院校榜样教育选择榜样应当坚持多样化，展现热爱祖国、奉献人民的爱国精神，自强不息、砥砺前行的奋斗精神，与时俱进、锐意进取的改革创新精神，辛勤劳动、创造未来的劳动精神。

（2）思政教师要自觉成为时代榜样

思政教师要不断提升理论文化水平，以扎实的功底进行思政课教学，传道解惑是一个教师的本职工作。提升理论文化水平、拓展知识储备、提高教学技能是教师应有的自我要求。思政教师不仅要有坚定的马克思主义信仰，而且要掌握扎实的思政理论课学科知识。思政教师用新思想对自己的头脑进行武装，坚定理想信念，增强综合素质。

2. 发挥大学生自我教育的作用

学校要净化校园网络环境，营造健康的网络学习榜样氛围。随着科技的快速发展，互联网已经全方位渗透到大学生的日常生活当中。大学生身处的校园环境不仅包括实体的校园环境，还包括虚拟的网络校园环境。目前，各大普通高等院校几乎都有内部的网络共享平台，比如官方网站、微博、微信公众号等。互联网传播的广泛性、快速性、盲目性等特点都对校园网络环境的健康度产生一定影响。因此，学校要充分发挥互联网的积极作用，利用网络大力宣传正面典型，扩大正面典型的影响力。

（1）提升对榜样的认同

首先，大学生要加深对榜样的深层认知。一方面，大学生要关注不同类型、不同层次的榜样群体，不同类型层次的榜样闪耀着不同色彩的光芒。除了要学习和了解与自身联系密切的榜样群体，大学生也要加深对其他层次榜样的了解，接受多种榜样精神的熏陶，促进自身的全面发展。另一方面，大学生要通过多种途径全面、完整地认识榜样。媒体对榜样的宣传和报道往往是弘扬其主要的精神品质，大学生要深入挖掘榜样事迹和榜样行为，要不断提高判断是非的意识和能力，避免因为认知的片面性而产生对榜样的误解和扭曲。

其次，大学生要提升对榜样的认可。榜样模范人物无私奉献、艰苦奋斗，促进了国家的富强和民族的振兴，是时代的楷模。大学生群体要对做出巨大贡献的人们给予鲜花和掌声，坚决反对攻击和侮辱。青年大学生要自觉避免不良文化思潮的影响，坚定社会主义理想信念，加强对榜样人物和榜样精神的认可度。

（2）用行动践行榜样精神

一方面，大学生要积极参与校内榜样教育实践活动。普通高等院校是榜样教育的主阵地，也是大学生成长和发展的主要平台。大学生要积极响应学校的号召，用行动支持榜样的宣传教育活动。积极参加校内榜样的评选和选拔活动，促进榜样选拔机制的民主性和透明化，发扬自身的主体性作用。支持和协助学校组织的榜样宣传活动，了解榜样事迹，学习榜样精神。尤其是党员学生干部要充分发挥示范引导作用，在学习生活中坚定理想信念，关心其他学生的生活与学习，并且在他们遇到困难的时候，为其提供帮助，成长为道德与品质都优秀并且乐于助人的学生榜样。

另一方面，大学生要乐于参加社会上的榜样实践活动，自觉在生活中发扬榜样精神。大学生不仅成长在普通高等院校环境中，更扎根于社会大环境中，是社会的一员。大学生要积极响应国家号召，参与学榜样的社会活动；积极响应国家政策，敢于到基层服务国家和人民，敢于在艰苦的环境中彰显自己的价值，大学生只有在奉献社会中才能真正实现自己的个人价值。

3. 形成尊重榜样和学习榜样的良好社会环境

（1）家庭教育父母要做好榜样

家庭教育要注重家教。模仿是人的天性，榜样教育法更是依据人的模仿心理。家庭教育中父母要做好孩子的表率，担负起教育孩子的重任。上行下效，父母遵纪守法，孩子便不会罔顾法律；父母勤俭持家，孩子便不会铺张浪费；父母知书达礼，孩子也会文明礼貌。父母应该用实际行动对孩子进行教育，让其能够践行社会主义核心价值观，并且引导他们热爱祖国、热爱人民，传播中华民族优秀传统美德。

（2）营造浓厚的校园榜样教育环境

学校榜样教育宣传要常态化、多样化。榜样教育法在普通高等院校思政教育中的运用应该在日常的校园活动中就有所体现，而不是仅仅体现在思政课程上。榜样教育的各个环节应当在普通高等院校活动当中常规化。组织学生参与榜样的选树和宣传既可以营造良好的氛围，又可以增强大学生对榜样的心理认同感和崇拜感。常态化的学习宣传榜样活动可以降低榜样教育的政治性和官方性，成为大学生自己的实践活动。榜样教育活动要打破传统自上而下的宣传模式，发挥大学生的主动性和积极性。学校还要支持思政课堂实践活动、学生会社团的课外活动，鼓励实践教学。

（3）政府要健全学习榜样的激励机制

政府首先要做好榜样正当权益的保障机制。榜样人物最基本的权益必须受到社会和群众的尊重和维护，这也是对榜样最基本的尊敬。政府要做好榜样人物的权益保障，从制度上保护榜样的正当权利，从根本上给社会大众一剂"定心药"。政府还要做好榜样行为的奖励机制，如果学习者看到榜样主体因为榜样行为而受到表彰或奖励，那么他就认为自己也会得到奖励；如果看到榜样主体因为榜样行为而受到损害，那么就会认为自己也会受到损害。政府给予榜样行为的鼓励和奖励会成为一种积极的诱因，增加社会其他成员学习榜样行为的频率。

四、生活化教学模式

普通高等院校思政教育生活化是提高大学生思想教育效果的"关键一招"，普通高等院校教育者应以相关的理论为指导，转变教育思想，更新教育理念，将教育理念回归日常生活，把教学方法融入现实生活，教学过程以学生为本，学校管理方法贴近生活，使教育和管理与生活并驾齐驱，相向而行，最终使教育融入生活，用生活来教育，为了生活而教育，以提高普通高等院校思政教育最终效果。

（一）教育理念生活化

1. 教学内容生活化

教学内容包含教育者传递的理论知识和教育思想，如何更好地让学生理解理论知识并接受教育，选取贴近生活，融入学生生活经历的教育素材至关重要。

第一，选取具有生活性的教育素材。生活是具体的，不是抽象的，也不是悬挂在空中触不可及的。思政教育是做人的教育，必须选取生活中真实的、客观的、可靠的教育素材，虚假的、不合时宜的素材只能取得适得其反的效果。因此，教育者在选择教育素材时应做到"因事而化、因时而进、因劳而新"。"因事而化"，即要与学生生活中发生的大事、小事相联系；"因时而进"，即要与生活"现时"相呼应，教育素材应与时俱进，反映时代发展特色；"因势而新"，即要根据新时代社会发展大势，现代生活发展趋势，选择富有时代内涵的教育素材。教育者在生活中要有一双发现教育素材的"慧眼"，善于发现生活中不断发生的"大事"和"小事"，在教育过程中要精心挑选与教学内容或学生生活相关的热点事件、生活故事，找准切入点，注重与教学内容的契合性，以及对学生教育的针对性，将故事与理论相融合进行教学。除此之外，教育者在教育过程中，要设置与生活相关的议题，创设与生活相关的情境，注意话语的趣味性、亲和力以及学生的接受程度，运用生活中众所周知、耳熟能详、贴近学生的话语对教学内容进行阐释，提高教学的艺术性、趣味性，使学生倍感亲切，从而深化认知，转化行为。

第二，在教学中融入学生生活经历。使学生的思想和行为符合社会行为规范，更具有道德意义，是思政教育的基本诉求。对于新时代大学生来说，谁讲不重要，更重要的是讲什么，所以教育者应多关注学生经历，在教学过程中"投其所好"，充分调动学生学习的积极性，引导学生把生活中遇到的人、事、困惑与喜悦在课堂中进行展示和分享，并结合所讲内容与其困惑和喜悦相结合，解学生之所忧、之所困，那么思政教育就可以直抵学生内心最深处，不仅符合学生的"口味"，还可以取得良好教育效果，可谓是一举两得。除此之外，学生多年的生活和学习经历，在头脑中形成了自己的知识结构，这些已有的认知对于学生学习新知识的影响不言而喻，如果新学习的知识和大脑中已有的知识相近，那么学生的学习速度就会加快，否则，学习效果则大打折扣。所以教育者在教学过程中，一定要通过多种途径多方面地了解学生已有的认知、需求和生活经历，在教学过程中融入相应的生活元素，在教授新知识时尽可能多地考虑学生头脑中已有的认知，利用学生头脑中已有的认知同化新知识，以使学生更好地学会新知识并在生活中运用新知识。

2. 教学目标生活化

第一，制定差异性的教学目标。大学生来自祖国的五湖四海，学生的受教育水平和学习能力参差不齐，所以教育者在制定教学目标时要考虑各种因素，做到具体问题具体分析，分层次制定教学目标，而不是千篇一律，不能提出与学生现有水平相差较远的教学目标，在制定目标时既要有与学生生活相关的"小目标"，也要关注学生可能达到的高度，制定相对高一点的"大目标"。"小目标"可以融入学生生活，使学生在生活中就可知、可感、可行；"大目标"可以使学生"跳一跳"通过自身努力去实现，增强学生的自信心。除此之外，制定差异性的目标还要关注不同的学生群体，对于高年级学生，由于他们的思想已经比较成熟，所以在目标的制定上就可以层次高一些，对于低年级同学，由于他们生活阅历和经验不够丰富，就要制定层次低一些的目标。针对同一群体，由于学生的思想发展快慢不同，目标也应有所区分，比如针对学生党员和学生干部这个群体，在目标制定上应有一定的区分。但事实上，无论针对哪一类学生群体，制定什么样的目标，目的只有一个，就是有针对性的改善学生思想，用"精准"的目标来对学生进行教育。

第二，制定现实性的教学目标。现实生活是我们每人每天都能切实感受到的，教育者在制定"思政课"教学目标时必须关注现实生活，制定具有现实性的教学目标，而不是制定脱离生活、脱离现实的"高、大、空"的目标，我们培养的是生活中的人，目的是学生在现实中更好地生活，而不是对学生提出过分的不符合实际的要求。教育者在制定教学目标时，应多关注"中间地带"的学生，制定符合大多数学生生活实际的目标。当然，关注"中间"并不是忽视"两端"，因为中间的人数多，是生活中的主力，他们的思想状况会影响到整个群体的思想状况。所以，一定要以实践为依据，把对学生的思政教育作为出发点，制定"有血有肉"具有现实性的教学目标。

（二）教学方式生活化

思政教育普遍使用的教学方式就是传统的理论灌输式，不注重学生在学习过程中的主体地位，教育者将有趣的、多样的教学主要手段"抛之脑后"，导致教育效果不佳。因此，教育者应摆脱经验主义的"窠臼"，注重教学方式的"时代性"，注重运用情境教学、心理咨询和社会实践等符合时代发展要求的教学方式。

1. 运用情境教学和心理咨询

新时代大学生思想变化是多样的，传统的育人手段难以吸引学生的注意力，调动学生的"胃口"，必须采取富有吸引力和针对性的育人方式来改善学生的思想，情境教学法和心理咨询法是普通高等院校创新思政教育教学方式且富有成效的重要方法。

第一，注重运用情境教学法。知识不能脱离情境而单独存在。情境教学是指在教学过程中，教师有目的地引入或创设具有一定情绪色彩的，以形象为主体的生动具体的场景，以引起学生一定的态度体验，从而帮助学生理解教材，并使学生的心理机能能得到发展的教学方法。首先，教育者可以采取情境再现的方式，将生活中发生的与教学内容相关的场景，通过多媒体或学生表演的形式再现出来。其次，可以直接将学生生活中发生的具有教育意义的故事"搬"进课堂，这样对学生的教育是直接的。但无论采取什么样的形式，其目的就是让学生在感受真实生活世界的过程中，以一种"独特"的且学生非常熟悉的方式来"反观"生活，引发学生的思考，提高育人效果。

第二，注重运用心理咨询法育人。现如今大学生的就业等各种压力纷至沓来，对学生的影响可能不仅是思想上的，心理上的障碍也是有可能产生的，所以引导学生转变思想仅靠对学生的思想教育或学生自身的调节可能是难以"见效"的，因为学生有些问题看起来是思想问题，实则是心理问题。所以我们应"双管齐下"，教育者可"另辟蹊径"采用心理咨询的方法对学生进行心理干预，帮助学生理性看待自己，辅助有效解决学生思想上的问题，促其全面发展。

2. 重视社会实践

学生的发展是全面的发展，仅仅在课堂中对学生进行思想教育，满足不了新时代大学生全面发展的需要，而且也难以满足新时代对大学生提出的新要求。实践是理论之源，一些知识和理论需要学生去亲身体验，以获得真正意义上的理解，并指导自身实践，这就要求教育者应注重社会实践的育人性。

第一，注重社会实践的育人性，改变传统课堂"孤岛"式教学。"实践教育是人全面发展的决定性因素"，不仅要使学生在课堂中学习理论知识，还要使学生在实践中进行自我教育，毕竟生活是动态的，不是一成不变的。这种体验是学生亲身感受到的，不是表演、展览等"伪装"出来的，这就犹如在水中学习游泳一样，其效果是真实的、有效的。除此之外，从纵向来看，社会是学生最终的"归宿"，从人生的发展阶段来说，学生的学校生活仅仅是人生的一个阶段，然而人并不是只有在学生时期需要教育，人生的不同阶段都需要教育，而且其内容由于成长阶段而不同，对人的教育是一个终生的过程，那么这个教育的课堂就是社会这所大学校。从横向来看，对学生的思想教育不能只在校园内进行，也要在校园之外开展，不能使学生成为在校园之内是道德的人，校园之外就是"无恶不作"的人，所以转变教育方式，引导学生进行社会实践是非常必要的。

第二，注重社会实践的育人性，改变传统"知识性"教学。学生的发展是整体的、全面的发展，学生全面发展的前提是掌握一定的知识，除书本知识外，生活实践中体验感悟到的知识同样也是学生全面发展不可或缺的一部分，且通过实践获得的知识更具"实战性"。如果回想人类最初的思想道德教育，毫无疑问都是在生活、生产中开展的。学生思想的改变需要一个过程，不是45分钟就可以"瞬间"实现的，而且这个改变需要课上课下协同进行。现在普通高等院校对学生的思政教育是以教材为基础，是在课堂中进行的，是在"科学世界"中进行的，但事实上这样的教育是不全面的，因为"科学世界"是以"生活世界"为根基的，是从事"专门"教育活动和知识传授的"世界"。所以，生活才是对学生思政教育最基本、最全面的世界。"纸上得来终觉浅，觉知此事要躬行"，学生在课堂中、教材中学到的关于道德教育的知识，是普遍且具有共通性的，而社会生活中有大量的道德教育知识是不可言说，且对学生思想影响具有一定特殊性的。有些道德教育知识是"搬"不到教材中去的，是教育者说出来但学生不一定真正能够深刻领悟到的，需要学生必须亲身体验才能体会、感悟出来，因此教育者必须创新教学方式，引导学生在生活中进行实践、体验、感悟，使学生"游离"在"科学世界"和"生活世界"中，做一个全面发展的人。

（三）教学过程要以学生为本

1. 强调学生的主体性

第一，将"灌输"式教学向启发式教学转变。在传统的灌输式教学过程中教师把学生当作接受知识的"器皿"，这样的教学是一种"你说我听"的教学方式。教学活动的主要实施者是教师，学生是接受知识的客体，师生之间不是平等对话关系，教师是知识的"搬运工"，搬运的知识就是"圣经"，这样的教学是脱离生活世界的教学方式。与之相反的启发式教学是符合时代发展要求的教学方式，启发式教学强调教师要引导学生学习，做学生学习的"助产士"和"促进者"，要求师生双方平等对话，一同探索真理。教育者在教学过程中，首先要发扬教学民主，转变以往师生之间"主体—客体"关系，建立一种"主体—主体"交互式师生关系，在教学过程中做学生学习的"引路人"，师生双方相互配合，实现预定目标。其次，学生的很多感悟是在生活中体会出来的，在相互交流过程中教师要调动学生关注生活的积极性，将知识的学习与生活紧密相连，寻找知识和生活的契合处和交汇点，这样可以增加学生对生活的热爱之情，也可以形成良好的课堂学习氛围。因此，教学方式的转变，不仅是师生双方平等主体地位的体现，更是转变教育思想，提高教育质量的必然选择。

第二，融入情感因素激发学生将知识运用到现实生活中的自觉性。情感一直贯穿教育过程的始终，教育者在教学过程中做到以学生为本，与学生平等对话，可以激发学生学习的积极性。但事实上如果在师生交往过程中，不融入任何情感色彩，仅是"你说我听"，那么师生之间的交往便是"冷淡"的；如果没有情感的"掺杂"，那么教育者的教仅仅是教，学生的学也仅仅是学。所以，教育者在教学中要投入情感，进行有"温度"的教育，对于教育者来说在教育过程中以情感为基础，有情感地对学生进行有"温度"的教育，可以直抵学生内心深处，触动学生心灵，达到预期目标。因此，一方面对于教育者来说，教师应"换位思考"，在教学过程中站在学生角度，体会学生真实的情感，用"爱"去关心学生，用"情"去感化学生，缩短师生之间的心灵距离，这样的教育效果必然会显著提高；另一方面对于学生而言，在学习过程中如果能体会到情感的存在，必然就会激发学生端正学习态度，对于知识的学习就不仅只是停留在认知层面，而是更进一步达到对知识认同并践行的程度。除此之外，情感的存在可以使课堂变得更加"温暖"，更好地吸引学生关注课堂，热爱课堂，教师因势利导，使学生进一步关注生活，热爱生活，这就会形成一个良性互动，把"让我做"转变成"我想做"。

2. 善于引导，因材施教

第一，注重教育者在教学过程中的引导作用。教育者是学生成长道路上的"领路人"，应弘扬"工匠精神"，潜心研究教育教学，注重自身在学生的学习和思想上的引导作用，做好方向的引领。首先，教育者要引导学生转变其对待生活教育的态度和思想。其次，倡导生活化的教育不仅是要教师转变教育理念和教学主要手段，最主要的是为了学生思想的转变，如果学生在教师的引领下在日常生活中做个有心人，关注生活对自身的教育意义，那么取得的教育效果一定是"事半功倍"的。所以，教育者在教学过程中应有意识地引导学生关注生活，把生活的教育作用潜移默化地融入教学过程中，有针对性地解决学生思想上对生活育人的偏差，引导学生去认同和践行生活教育。因此，教育者有针对性的引导是取得绝佳教育效果的关键。

第二，以学生的需要为导向开展教学工作。首先，教育者要调整与学生之间的"焦距"，了解学生的困难和思想上的"结"，以学生的需要作为教学的起始点，根据学生关注的"点"制定具有一定针对性的教学方案。其次，在关注学生现实需要的同时，也应注重现实需求与长远需求的有机结合。教育者可以根据自己的教学经验和学生的需求层次，在满足现有需要基础上，引导学生追求更高层次的需要，从而树立远大理想，进行自我教育。最后，通过多种途径满足学生的合理需求，无论是满足精神的还是物质的需要。

（四）学校管理生活化

学校对师生的考评方式和考核标准对师生的导向作用是巨大的，直接影响师生工作和学习的"着力点"，所以学校必须从师生的现实生活和实际需求出发，来完善对师生的考核评价机制，为师生提供有针对性的工作和学习导向。除此之外，与学生每天相伴的校园环境，发挥着对学生隐性教育的作用，因此学校必须重视校园环境的育人作用，发挥其隐性育人功能。

1. 改进考核评价机制

学生是活生生的个体，对学生评价机制的优劣会影响其学习的自觉性，对学生的考评应改变传统的单一的以"分数论英雄"的考评，倡导多样化考评方式和标准。对教育者应调整和完善教师考核方案，形成多层次、多样化的考核体系。同时要找到二者之间的平衡点。

第一，优化对学生的考评方式，倡导多样化考评标准。学生的品德优劣不是一张试卷可以测出来的，对学生考核评价应采取多样化的方式，从而对学生有一个全面的、全方位的了解，同时也可以改善学生对分数的过分追求。首先，完善对学生的考评方式，目前学校对学生的考核评价仍以考试为主，如果一时难以改变这种评价方式，我们可以转变思想，更新理念改变考试内容，围绕学生的实际生活设置适当的题目，比如多出现生活中的案例，使育人和考试"相向而行"，实现考试和育人"两不误"。其次，注重对学生的过程性考核，关注过程性"动态"考核方式，引导学生参加志愿者等社会公益性活动，在此过程中观察其思想和行为的变化情况，观察考核学生的实践和合作能力，等等。最后，实现评价主体多元化，对学生的考评只是通过考试和社会实践等评价，且考评者仅是教育者，这是单方面的，难以做到对学生的全面考评，我们可以探索除考试和实践之外的其他考评方式，比如同学同伴群体之间互评，他们之间每天朝夕相处，互相"知根知底"，对彼此在生活中的表现了如指掌。同时，还可以在教育者的引导下进行自我评价，虽然这种评价可能会出现"虚假"情况，但事实上学生在经过"扪心自问"这个"痛苦"的过程之后，对学生的思想定会有所冲击。总之，无论采取哪种评价方式，一定要形成考评合力，并且要健全考评结果的反馈机制，总结考评经验，从而制定更加有效的考评方案，更好地发挥考核标准的导向作用。

第二，调整教师考核评价导向，多方面完善教师考核评价标准。教育要发展，教师是关键，考评标准对教师的工作方式和教学行为具有较强的导向作用，决定着教育者将主要精力用在哪些方面，所以普通高等院校应结合学校的教与学的实际情况，制定"个性化"教师考评要求。首先，在进行教师培训时应注重对其有方向性的引导，将生活教育理念作为培训的重要内容和主要方面，引导教师在教学方式和教学内容方面上下功夫，在考评时注重对教师生活教育理念、教学方式和教学内容生活化方面的考评。其次，完善学生对教师的评价标准。在学生对教师进行教学评价时，把教师在讲授教学内容时是否与生活相联系，是否引导学生关注社会热点事件和热点话题，是否关注学生的思想状况，是否选取"接地气"的教育素材，是否制定贴近学生实际的教学目标等作为考核内容，发挥学生评价的反馈作用。最后，改进教师听课标准。把教师在讲授新课过程中是否关注生活，是否把知识与生活相联系，是否做到"以生为本"作为教师互评的参照标准。总之，通过完善对教师的考评标准，做到具体问题具体分析，制定符合本校实际的教师考核评价体系，以促进教学质量的整体提升。

2. 重视学校环境的育人作用

学校必须重视校园环境的育人作用，物质环境和文化环境同等重要。

第一，注重校园物质环境的育人性。校园物质环境是"有形"的，学生可以看得见摸得着。除了注重校园建筑等"大型"环境的育人性，还应关注校园"小型"环境的育人性，如在食堂、宿舍、图书馆等张贴相关育人标语，这些看似"不起眼"的标语，对学生思想的影响却是无声的。图书馆是学生学习的"主阵地"，教学楼是传授知识的主要场所，可以在图书馆和教学楼等主要场所摆设一些雕塑、名人画像等具有文化底蕴的物件，将没有生命的建筑赋予"生命"和"灵性"，这样可以让学生在文化艺术享受中潜移默化地受到教育，达到事半功倍的效果。除此之外，食堂、宿舍和图书馆等场所的工作人员"时刻"陪伴在学生的校园生活中，他们的言行或多或少地会影响到学生的思想，如果他们素质既高又能够尽心尽力做好本职工作，那么学生感受之后对其思想的影响可想而知。所以，学校对他们应做到定期培训，以提高他们的整体素质，发挥服务育人作用。

　　第二，注重校园文化环境的育人性。校园文化环境是"无形"的，但事实上对学生思想的影响却是巨大的。首先，学校可以利用重大节日的教育作用，比如在抗日战争胜利日、建党节、国庆节等这些非常具有纪念意义并可以"点燃"学生内心"火焰"的节日举行各种各样的活动，以激发学生的爱国之情和报国之志。其次，学校可以利用大型会议开闭幕式、升国旗仪式等具有仪式感的活动对学生进行思政教育。最后，学校可以组织学生观看具有代表性的党和国家的一些重要会议，比如党的十九大开幕会等，这对学生的思想影响是不言而喻的。通过对校园文化环境不同方面的关注，从而形成拼搏、向上、进取的校园文化氛围，这对改善和提升学生的思想是不可或缺的。

五、言教与身教结合法

（一）言教

　　个体所接触或接受的理论、观点以及社会所提倡的价值标准无疑对"思考"的内容以及"思考"的结果产生着重要影响。也就是说，他人及社会中的各种言教对个体采取某种行为前的"思考"有着重要影响。言教不是简单地说说话、写写字，教育者的言教必须讲究艺术。在学校教育中，有很多为人师表的教师对工作尽心尽职，对学生关怀备至，可是却不是十分重视对科学的教育方法进行探寻，对学生的接受心理的研究与观察不是很重视，对于"单向灌输"十分的痴迷，对"精诚所至，金石为开"的古训的了解存在错误，总喜欢一味地进行空洞的说教、机械地重复所讲的内容，往往会造成相反的结果，得不到预期的教学效果，最后"苦口"欲碎，"婆心"见违，但事实上受教育者却对其传授的内容毫无兴趣，置若罔闻。

（二）身教

　　俗话说桃李不言，下自成蹊。教育者的言教固然重要，但它与身教这两者之间并不是不分伯仲，而是身教重于言教，其主要的原因是对真理进行宣传的人能够对真理执行到什么程度，能够对人们对真理的相信程度起到决定性作用。教师的"尊严"其实就是在自己言谈举止、所作所为，被学生充分肯定的基础上树立起来的；在坚持真理，改正错误中树立起来的。一个没有学识的教师，学生轻视他，而一个品德不好的教师，学生鄙视他。在现实中，有个别教育者通常在面对受教育者的时候，以社会公认的、先进的做人规范来教导他们，而在自己的日常工作和生活中，则以自己所信奉或具有的做人规范做行事，导致双重人格的形成。这是表里不一的表现，不仅难以让受教育者听其言，信其道，更会引起受教育者的反感。教育者应该要切记自己的每一个举动都是一面镜子，要想自己的"说"具有力量，一定要"做"得好，只有行为是正当的，其言语才能够具有说服力。行为超过了语言，语言才能做到掷地有声。当然，教育者的身教并不是要教育者逐个躬行自己的"所言"，而是，自己的"所行"必须符合自己的"所言"，只有语言与行为相一致，人们才有可能真正地对你感到信服。

第三章 大学生思政教育教学实践研究

本章内容为大学生思政教育教学实践研究，主要从三个方面进行了介绍，分别为元认知策略在思政教育上的应用、云课堂在思政教育上的应用、慕课在思政教育上的应用。

第一节 元认知策略在思政教育上的应用

一、元认知

（一）元认知概念

我们用最简单的方法定义元认知：元认知是反思思想（思想之思想）。作为一种独一无二的思维主要手段，元认知对学生的学习成果有积极影响。学生利用元认知获取知识和技能、加深对学习的理解，最终达到教学目标。当学生使用元认知时，他们开始意识到自己的思维过程，计划并开始监督自己的学习，评估自己进步和努力后的成果。这些行为促使自我意识和自我调节的增长。随后，在不断实践元认知的过程中学生逐渐培养自主学习和终身学习的能力。

字典中关于认知的定义有：

（1）"从广义上看，是一种认识的行为或过程"。

（2）"一种智力过程，通过这个智力过程获得认知知识或想法"。

因此，当学生使用元认知时，学生思考的目的是对于获取知识的过程中产生的理解和认识理解元认知这种循环思维的最好方式，是把它当作一种包罗万象的构想，它包含了学生使用的众多习惯和行为。

此外，元认知可被用于获取任何学科的知识和技能。因为，学生发展自我意识和自我控制思维过程的本身是超越学习领域的一种思想，它并不局限于任何一个学术领域。

（二）元认知技能

元认知是一个自我监测和自我控制的思维过程。因此，它需要自我意识的提升和元认知思维技能的发展。我们可以将元认知技能归纳为：

（1）规划学习任务。

（2）监控学习任务中的思维过程。

（3）评估已完成的学习任务成果。

总之，我们将元认知技能视为特定活动，要求学生在整个学习任务中按顺序展示自己的思想。不仅如此，研究者们认同，学生应该在学习任务的初始阶段进行规划和目标设定，并在后续一系列学习活动中进行自我监控。当学生进行元认知活动时，他们开发出辨别他们知道什么和不知道什么的能力。这项很重要的技能被称为"知识监控"，研究者们发现，学生的知识监控能力和学术能力之间存在正相关关系。监测学习能力较强的学员，展现了更高水平的学术成就。

（三）可教的技能

"学习的过程是学会思考的过程"，这一点应是当前思政教师应当把握的重中之重。元认知的这些技能和组成部分恰恰就是优秀普通高等院校学生在任何教育环境中所具有的常用思维习惯。教育工作者确认优秀的普通高等院校学生经常会有这些行为。同时，教育工作者也认识到，不是所有普通高等院校学生都能自然而然地使用元认知技能。元认知技能是可以被教授的。教育工作者设计了许多有效的教学策略和课堂活动促进学生的元认知学习。

二、元认知策略

（一）元认知策略概念

元认知策略是以元认知理论为主要依据应对问题的一种方法，是学习者凭借规划、跟踪与衡量的方式对自己认知的调整完善，涉及事前规划、注意的选择、监督和衡量自己等策略，是有效规划、监督和调节学习活动的参照物，其关键作用是提高学习效果。思政元认知策略指学生按元认知知识，用元认知策略干预思政课程构建的学习活动，在思政课程学习目标下，选择合理学习方法，设计学习环节和规划系统学习活动的心脑操作活动。其主反应在内部心理活动及自主学习与目标导向上。因此，思政元认知策略既是学生学习思政课程效果的衡量尺度，又是培养学生学习兴趣和能力的科学因素。

（二）元认知策略的内涵

元认知策略是学习策略其中之一，元认知概念的界定须以学习策略概念的澄清为基础，学习策略内涵与外延的界定也有助于元认知策略的理解、把握和实践运用。通过对国外心理学研究者和国内学者关于学习策略研究的理论成果的深入钻研和比较分析，学习策略是学习者以特定学习目标为出发点，在学习过程中根据不同的学习情境进行有效学习的方法、技巧、规则及其整个学习活动的心理调节和控制的过程。因而，学习策略是基于一定的学习目的和目标的达成与实现，既包括学习者外在使用的学习方法、规则，也包含学习者内在的自我调节和控制的动态生成过程。

元认知策略、认知策略和学习策略三者之间的关系在现代西方心理学研究中存在分歧和差异，以学界具有代表性的麦卡尔对三者关系的梳理和对学习策略的划分为依据，他们赞成学习策略包含认知策略、元认知策略和资源管理策略（图3-1-1）。

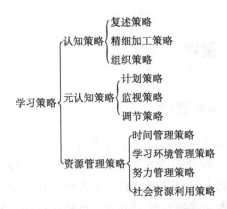

图 3-1-1　元认知策略、认知策略和学习策略的相互关系

　　元认知理论的破与立对其他领域产生深刻影响，元认知策略作为一种学习策略，在课程与教学领域内引起广泛关注和深入研究，对课程与教学的改进与完善提供新视角，具有重大价值。

三、思政课元认知策略

　　结合思政课的根本性质和特点，将元认知策略从教育心理学领域融合至政治课程与教学领域，思政课元认知策略应定义为在思政课学习过程中，学习者具有的关于自己思维活动和学习活动的知识及其实施的控制。准确把握和理解思政课元认知策略须注意以下三点：

　　（1）思政课元认知策略既包含静态的知识体系，也包含动态的体验、调节、监控过程。学习者在学习思政这一学科时的元认知表现在对自己主动参与这一学习活动的个人主观因素、政治学科各模块内容知识体系以及其他客观影响因素的认识，更为显著而强烈地表现在学习者对自身在学习政治课程知识、培养相关能力、树立正确情感态度价值观的动态体验和调控上。

　　（2）思政课元认知策略是以政治学科内容为对象，具有鲜明的政治学科特色。课程化的思政是以中国特色社会主义经济、政治、文化生活及其文明建设的支撑性学科知识为基本内容，以对学生公民思政和道德法律素质教育为根本目标，以马克思主义基本观点教育和学生现代社会生活认识与参与能力的培养为核心价值。这一独特的社会主义公民素质教育课程是思政课元认知策略内容的支撑和运用的支柱。

（3）思政课元认知是以生动的政治课堂为载体的，这就要求元认知策略的运用贯穿于学习者学习目标的设定、课前预习准备、课中具体实施、课后复习巩固以及评价反馈的各个阶段和环节，思政课元认知策略的运用具有过程性、阶段性和连续性。

四、元认知策略对思政课的作用

（一）教师方面

在思政教育中，以学生为主体，以教师为主导，元认知策略在思政课中的运用主体是学生，教师在教学过程中同样可以运用元认知策略。教师对整个课堂教学活动的元认知有助于教师对明确教学目标、科学分析教材、把握教学重难点、规划教学流程、选择教学方法、及时评价与反思教学这一过程进行自主认知、体验、调节和监控。此外，思政课元认知策略的运用有助于教师深入了解学生的思维活动和规律，依据学生进行元认知的客观情况和规律，为激发学生学习的自主性和积极性，在不同教学情境和内容中选择多样的教学方法，并且创新更为科学有效的教学模式和方法，比如自学辅导式教学、合作探讨式教学、体验教学、案例教学、情境陶冶教学、活动教学、整合教学、研究性学习模式等均为契合学生元认知思维规律的思政课新型教学模式和方法。

（二）学生方面

大量心理学领域的理论研究和实验结果表明：从认知角度看，通过对学生元认知的培养和训练，可以"改进和提高学生的学习能力并促进其智力的发展"。学习能力是较为宏观的概念，学生在思政课堂中运用元认知策略、提升元认知能力，首先巩固了学生的主体地位，这是学生锻炼学习能力的首要前提。其次，学生在学习思政课程时，对于社会主义经济、政治、文化、马克思主义基本观点和方法等不同的知识体系自主选择并合理运用不同的学习方法和策略，在此基础上加以自我评价和监控，坦然面对并正确引导情感态度价值观的转变和升华，以此提升其学习能力、智力和潜能。

五、思政课程元认知策略的特点

元认知策略运用于思政课程汲取学科内容的特殊性和学生在学习思政课程时独特的认知规律和特点，与一般意义的元认知策略和其他课程元认知策略相比，其特点和不同之处表现在以下两方面。

（一）思想性

思政课元认知策略运用的特点突出表现为思想性，思政课元认知是为价值认知、价值判断服务，具有鲜明的德智共生性，这是由思政的课程特征决定的。新的历史条件和形势对思政课程的实施提出了更高的要求，须积极推进思政课程由外生型向内生型的转变和建构。新课改后，要求学生在思政课程中进行元认知的最为基本和核心的内容应是马克思主义基本观点和方法，并且与时俱进地充实和调整学习内容，将课程与学生的生活世界相结合，为学生在生活中端正思想态度、树立正确的信仰、做出科学的价值判断和选择服务。同时，对思政课程思想性的强调不能将政治课和德育课画等号，在思政课中的元认知不仅要关注思想道德的指引，还应侧重人文社会科学常识内容。

（二）培养性

思政课元认知策略的运用力图引导学生通过反思来进行价值澄清。这一特点从培养锻炼学生能力的角度出发，体现了政治课元认知的过程是为学生指引正确的价值取向，继而通过实践运用和反思、调整，达成价值学习和社会学习的统一，是一个价值引导–价值判断–价值选择–价值反思–价值澄清的过程。

六、元认知策略在思政教育中的应用策略

(一) 教学情境符合元认知策略

情境教学方法的运用已然相当普遍和成熟，众多政治教师积极实践情境教学，创设具体形象的体验学习情境，营造生动活泼的课堂气氛，力图避免单一、僵化、死板的课堂，赋予课堂以生命和活力，但此类情境教学方法的运用在引发学生元认知方面效果不好，质量不高。这类教学情境之所以引发学生元认知效果低下，关键在于忽视和缺失元认知的本质和要素，因而对原有教学情境和元认知环境加以改造和调整，将已有各类教学情境作为宝贵的课程资源，在元认知策略理论的指导下，科学开发利用，是改善思政课运用元认知策略的首要措施。

(二) 思政课堂学习场的营造

"学习场"是指所有事件交织在一起的、具有内在统整性的整体，将学习场这一概念引入思政课堂教学中，则包含了参与教学的人：主体—学生、主导—教师；教学流程涉及的所有事件、信息、要素及其相互关系：教学目标、教学方法、教学情境、课程资源等。在学习场中，任何人与事件都不是孤立的，教师与学生互动配合，教学事件、要素之间相互联系，师生与教学事件、要素互相制约、动态生成。科学有效地营造思政学习场，有助于帮助学生在教师的指导和参与下，创造全新的元认知环境，吸纳客观环境中的有益因子，主动地建构与调整学习活动的系统与脉络，生成新知，不断发展。营造思政课堂学习场，有以下值得关注的特性。

(1) 思政课堂中的学习场须以思想性为根本指导，这是区别于其他学科的根本点。思政课从单一的政治教育走向现代公民教育，其根本特性思想性和政治性是建构学习场、创造全新的元认知环境的根本指导和内在特性。思政课中的学习场必然是在思想性和政治性的指导下形成的，便于学生对马克思主义基本立场、观点和方法进行元认知，产生相应道德、政治情感体验，形成良好的道德法律素质和思政素质和情感态度价值观。

(2) 思政课堂中的学习场须以必修和选修各模块为内容，与社会主义

市场经济生活、民主政治生活、先进文化生活相结合。新课程理念倡导课程向学生的日常实际生活回归，将科学世界与生活世界有机统一。简言之，若该学习场是纯粹的科学知识体系构成，以知识的灌输为唯一目的，只会导致创设出的元认知环境单一而残缺，将原有生动活泼的学习环境异化为传递知识的冰冷机器，是遏制学生思维活力的牢笼，给学生的"学习之舞"带上镣铐，歪曲了新课程理念的本意。

（3）思政课中的学习场的规模可大可小，可以是课程的宏观把握，也可以是微观的情境细节，这根据教师对于不同教学内容、学时长短而决定。但必须强调的是应注重不同学习场之间的内在逻辑性，较为宏观的学习场由若干微观的学习场组成，须保持二者间整体与部分的联系；同时，各微观学习场之间并不是孤立、零散的，注重微观学习场之间的内在顺序性、逻辑统一性是确保学生元认知环境系统性、完整性的诉求。

（4）思政课中的学习场应坚持学生的主体与教师的指导兼容并包。教师与学生任何一方都是不可或缺的要素，在营造学习场过程中，如果忽视、贬低学生的主体地位，则不利于培养学生元认知的自主意识和主观能动性，违背了元认知策略运用的主旨；如果缺乏教师的指导和辅助，则会导致整个过程缺乏方向导航和各方面的监控，过度强调"学生中心论"必然导致无效的元认知环境。

（三）学生自主思考的引导

学生在思政课学习的元认知过程中，为促成元认知活动的顺利跟进，学生明确自身的主体地位，把自己定位为运用元认知策略的主人，树立自主意识是关键第一步。学生在学习思政课程时，应主动地意识到主观自身的存在，清楚明确地知晓自己在思考认知，在情绪体验，并且能加以反思和监控，反问自己的学习思维活动的目的、原因、计划、可能产生的后果，这种对于元认知的主体定位的清晰意识有助于学生积极自主地进行元认知活动，相对于消极被动的心理意识事半功倍。

在思政课运用元认知策略过程中，教师发挥着主导作用，学生由于心理发展规律和思维水平的制约，需要教师作为学生元认知的外在因素的指引和启发。教师在教学过程中应尊重学生的主体地位，有意识地培养和强化学生的自我意识，帮助学生制订计划，激励学生在学习活动中积极自主地运用元认知策略。

(四) 学生的自主能动性的培养和提高

元认知监控是学生在思政课学习过程中运用元认知策略的核心，政治教师在课堂上指引学生进入到学习主体的角色中，自主控制整个元认知过程是关键的第二步。在传统的政治课中，教师是绝对的权威，课堂是教师的"独角戏"和"一言堂"，较多地表现为照本宣科、道德灌输等现象，教师剥夺了学生自主控制的权利，对课堂的各方面全盘操控。在教师强势的外部控制下，学生并不能有效地自我控制学习，也难以有效地激发学生的思维活动。新课程改革后，"以人为本"等理念还原了学生的主体地位，一定程度上克服了传统课程的缺陷，但不可否认的是，由于教学评价机制、教师专业素养、学生心理认知规律普遍性与特殊性等主客观因素的制约，学生在课程学习中的自主性还未得到全面地保证和实现，因而培养和提高学生自主控制的元认知能力相当重要。

(五) 学生元认知监控的提高

学生在运用元认知策略时，由于学习任务难易程度不同、客观环境的破坏缺失、自身个人因素等主客观原因的影响，元认知的过程往往遭到中断，是不完整的，可能停留在元认知知识阶段，也可能停留在元认知体验阶段，元认知过程的未完成导致这一策略运用效果低下。学生在元认知时加强自我监控则能确保元认知过程的完整性和高效性，是"个体自我发展和自我实现的根本保证"，学生的自我监控和调节贯穿于整个树立目标、确立方向、制订计划、具体行动和选择使用行动策略的过程。加强学生的元认知监控，完善学习思维过程的全方位的调控，不仅能促进学生思政课学习思维、智力智能的进步，更能帮助他们形成积极的情感态度，树立正确的世界观、人生观、价值观，不断实现人格的提升，学会学习的同时学会做人。

(六) 思政学科元认知特色的发掘

思政学科类属于人文社会科学学科，其学习有别于理工科类学习，思政课教学须受到该学科的学习规律和学生思想品德形成规律的双重制约，因而元认知策略在政治学科中的运用应以融汇学科特色为核心和根本。思政新课程秉持"立足公民三维素质奠基、谋求卓越发展"的基本理念，以学生思政知识、社会生活参与能力以及思想品德的形成作为出发点和归宿。就知识习得而言，思政学科以帮助学生学习马克思主义基本观点、经济常识、政治常识、哲学常识以及文化常识为目标。学生习得知识有一定的过程和环节，学生通过课堂了解和掌握政治学科的基本知识，形成一定的知识基础和储备，随后学生在课后长期继续学习、在更新知识以及在实际生活中运用知识并接受实践的检验，学生便通过对新知识的学习（间接）和实践（直接）两种基本途径对已有知识进行反思、审度和更新，矫正原有知识的错误和偏差，弥补不足和疏漏，形成更为全面科学系统化的知识结构，如此形成关于知识的元认知循环和上升的过程。

第二节　云课堂在思政教育上的应用

一、云课堂教学的内涵

云课堂教学平台是信息化教学的重要形式。研发者以云计算技术和IPv6 网络技术为研究基础开发出了云课堂教学平台。移动终端成为云课堂教学平台的载体，作用于教师教学与学生日常的学习生活中。云课堂教学具有强大的交互性，也就是说，学生对学习资源可以自由选择和任意阅览，教师通过这样的交互性强和资源强大的平台，可以充分展示备课和优化教学设计的优点。并且，云计算技术和 IPv6 网络技术让云教学平台打破了以往传统课堂需要受到时间和地点限制的壁垒，云教学平台的功能和服务都更加多样灵活，建立了一个不受时间和地点限制的空间课堂。传统课堂与线上的云课堂联系起来，形成了线上线下相结合的创新教学模式。云教学平台的技术开发让翻转课堂也开始广泛普及起来，翻转课堂让学生充分利用课余时间在"云课堂教学平台"上对教师安排的教学内容进行学习。如此一来，教师在课上的教学时间可以充分帮助学生深度理解知识，在课下时间教师也可以根据学生的个性和需求来为学生进行针对性辅导教学。有了信息技术的支持，云课堂教学变得更加丰富多变，也变得更加符合用户的需求，增加了用户与平台之间的黏性，也增加了教师与学生之间的交流和互动，有效促进了信息时代下教育的发展。

二、云课堂教学的特征

信息时代教育改革的第一步就是要改变当今教育系统的结构，也就是说，云课堂教学要改变传统教学系统中的四个要素的地位。

（一）教师角色多元化

教师是具有多元化角色的职业，教师被赋予了很多期望行为，从整体上来说，教师的多元角色包含了教师的实际角色和期待角色。随着信息技术的发展和教育的发展，信息时代下的云课堂教学逐步成为课堂教学不可分割的一部分，成为学生生活、学生个性化学习、教师备课、师生交流的一个必不可少的工具。云课堂教学个性化的学习方式得到了普遍好评，也让教师的角色定义发生了改变，主要表现在以下方面：

首先，人们开始注重加强教师学习指导者和促进者的角色身份。学生在利用云课堂教学平台的教学视频进行自学的过程中，可能会遇到很多的问题需要与教师沟通，这就要求教师要充分发挥学习指导者的角色，利用课下时间对学生进行耐心的指导，加快学生养成自主学习的习惯。云课堂教学具有很强的互动性，教师需要充分运用云课堂教学的这一特性开展合作与探究学习的实践活动，不断激发学生的学习热情，指引学生的学习与合作，促进学生进行个性化学习。

其次，更强调了教师作为线上学习心理辅导者的角色定位。云课堂教学不仅仅只对教师的线上学习角色进行约束，对学生进行心理建设也是教师需要做的工作之一。由此，教师通过云教学课堂多了另一种角色，就是线上学习心理辅导员。学生课程前的预习、课中的练习以及课后的个性化学习都需要教师引导。要想让学生融入这样的虚拟课堂中，就必须要从心理上让学生接受，心理建设变得尤为重要。比如，在云课堂教学中，有些学生对于线上互动的学习方式出现不适应的问题，或者一些学生过于依赖线上的学习方式和交流方式，开始出现社交恐惧心理。

最后，云课堂教学让教师也获得了另一种角色，那就是校外声音的倾听者。云课堂教学让教师不仅能够听到课外学生的反馈，也能听到一些来自校外学生的反馈或心声。所以，教师就获得了这样的新角色，就是校外声音的倾听者，在教师听到这些来自校外学生的反馈或问题时，教师需要及时对学生的心声进行回应，帮助学生有效解决问题是教师义不容辞的责任。这样的共享方式和交流方式，也为学术交流和教育发展提供了良好的土壤。

（二）学生个性化和终身化学习

随着社会的发展，教育者越来越认识到素质教育的重要性，也意识到了每个学生都有不同的认知方式，差异化教学才能让学生获得更好的发展，同时也能够增强他们的创新能力。所以一直以来，教育工作者都在为个性化学习而努力，云课堂教学的出现，则改变了以往教育工作者在这方面探寻上的艰难困境。云课堂教学真正从尊重学生个性化学习的角度出发，多元的服务模式和资源共享以及师生互动，都符合学生喜欢的个性化学习方式。比如，云课堂教学在知识呈现方式上灵活多变，充分适应了不同学生的信息加工习惯，丰富的视频资源增强了学生的学习动机，弹性化的学习步调更适合普通高等院校学生的学习。云课堂教学也有利于学生拓宽学习空间，帮助学生树立终身学习的观念。

（三）教学内容具有丰富性和开放性

云课堂教学通过信息技术让课堂教学变得有趣味性，也让学科知识呈现的方式更加能够满足不同学生的需求，增强了学习个性化的建设。同时，云课堂教学平台的开放性也更加有利于学生的个性化学习。无论本校学生还是其他学校的学生，都可以通过这样的教学平台进行自主学习，更加推进了学科教育的发展。

（四）教学媒体辅助学生线上学习

第一，教学媒体可以辅助学生进行主体性学习。在线下课堂，教师也可以运用云课堂教学平台对学生的学习进行辅助指导，增强学生的参与性。这样就实现了教师无论在线上还是在线下都可以对学生的学习进行辅导。并且在线上辅助学生时，更加有助于学生自我教育意识的激发，提高自己的约束能力，促进个性化学习。

第二，教学媒体为学生提供了多样化的学习体验。学生在云课堂教学中，可以体会到不同于传统课堂中的感受；相较于传统课堂，云课堂广泛获得了学生的喜爱。流畅的界面和美观的设计，都让学生享受到了极佳的用户体验。并且在云平台，只要一搜索，各个学科的各种资料和文献都可以查得到。方便快捷的资源查阅，让学生更加喜欢上自主学习，也更容易让学生在云平台中与其他人进行学习交流和提出自己的观点，更加促进了个性化学习的发展。

第三，在云课堂教学中，教师可以充分利用云平台教学的交互性特征，多多开展分组讨论和虚拟生活情境的实践学习，让学生感受到云平台的现实性，防止学生出现过分依赖线上平台课堂而忽视了线下课堂和实际生活的情况出现。同时，帮助学生正视云课堂教学的作用和意义，让学生正确运用这样的开放平台，避免学生出现一些心理问题，改进学生对云课堂教学的认识。

三、云课堂教学的现实困境

随着技术的发展和教师的不断努力，融合新技术的教育课堂频频在学校当中进行试点。在实验阶段，教师和学生以及信息技术人员都面临着很大挑战。

（一）教师方面

首先对于教师来说，其面临的考验就是要跳出传统教学的思维，充分了解互联网，将传统的课堂教学转变为与线上的课堂并驾齐驱的教学模式。这对于一些不了解互联网的教师来说是一个新的考验。同时云课堂刚刚上线，有大量问题需要教师在教学当中不断去发现、去有效解决。在教学之前，教师需要对云课堂的所有功能和每个具体信息都有一个详细的了解。同时，云课堂的开展，也需要教师花费更多的时间在云课堂当中，这会占用很多课外时间，教师要习惯这样的节奏。

其次是教师自身要对云课堂的教学观念有一个积极的态度。要想让学生适应这样新颖的教学模式，并且积极加入这样新颖模式的学习中来，教师自己就必须对云课堂有一个积极的学习和使用态度。改变以往传统的教学理念是关键。传统的教学理念中，教师过于习惯自己的主体地位，思想上会有很多的壁垒，而要想融入云课堂中，就必须要打破曾经熟悉的一些观念，习惯以学生为主体的云课堂教学模式。并且要在培养学生形成个性化学习能力之前，将自己变成可以进行个性化学习的人。同时，云课堂对教师学习新技术的能力也有考验，因为云课堂的教学视频会涉及教师上传等工作内容，所以教师要充分学习，提前适应。

（二）学生方面

对于学生来说，因为学生对于网络并不陌生，对于网络媒体也能很好地适应，但关键性问题在于学生的自制力不够。不论中小学生还是大学生，大部分学生都有自制力不强的弱点。所以如果想依靠云课堂来激发学生的自主学习是远远不够的。教师必须进行适当的指导和监督才能让云课堂起到真正的作用。在走访调查云课堂的作用当中就可以发现，学生虽然很容易接受云课堂这样的教学形式，但事实上在没有教师的情况下，学生并不能够自主配合进行学习。甚至有的学生在没有教师监督时，会通过手机或者 iPad 进行其他娱乐活动。再者就是云课堂学习环境虚拟性强，在学生长期的使用过程中，会造成学生之间缺乏交流，学生沉溺于网络交流，导致实际交流能力差，影响学生之间的关系。这就需要教师进行实时调节。还有就是云课堂的广泛应用和大力实施，让很多作业和调查都通过网络进行，学生书写的机会减少，导致很多学生提笔忘字。并且过多的线上材料会增加学生的学习内容，让学生更有压力。如果不适时排解，会对一些心理承受能力差的学生造成影响。

（三）教学内容方面

随着信息技术的发展，很多现代化教学形式都融入了传统课堂中，形成一种新型的教学形式。和纸质教材的封闭化相比，数字教材具有开放性和简便性，越来越占据优势。云课堂教学丰富的数字专业资源受到了很多教师和学生的喜爱，但在这样的情形下，有些教育工作者担心长此以往纸质教材会被数字教材所取代，或者说将数字教材和纸质教材相互融合才更长远。

(四) 教学媒体方面

教学媒体从辅助传统教学课堂开始，教学课堂的氛围就变得更加活跃了，学生与教师之间的交流也变得更多了，学生对教学内容的兴趣也大大加深了。通过教师的启发引导，学生越来越能够配合教师进入课堂教学内容的主题中来。而"云课堂教学平台"的出现，更加充分地体现了这一点。不仅如此，云课堂还帮助学生在课下也能够与教师进行及时有效的沟通，拉近了教师和学生之间的感情。云课堂为教师和学生之间搭建了一个学习中的社交圈，就如同大家生活中经常用的社交软件微信一样便利。与之不同的是，云课堂不仅有交流的便捷性，还具备开放性学习功能。

但在教师辅助学生进行云课堂的使用时，在加深了学生对学科的理解以及对教师的印象之外，教师的课后教学工作也增加了很多，这样一来对教师也形成了一种无形的负担。所以，在具体的运行当中，教务管理者和教师都要去协调掌握好工作的尺度。

四、云课堂的作用

云课堂的出现打破了传统的教育方式，不受时空限制，上课方式更加多样化，课堂氛围更加轻松，让学生和教师都可以将书本内容和实际生活联系在一起深入互动，为思政的教育发展做出了很大的贡献。

(一) 丰富了教学内容

在我国云课堂实行的现阶段中，云课堂的数字教材成了目前传统教学课堂中的宠儿。在教学课堂改革当中，如何依靠通过云课堂平台和传统课堂相结合，来形成适应学生"需求"且在教学目的和教学内容限度范围内的教学方式是教师一直探索的问题。首先对纸质教材和数字教材的性质和优势，教师就展开了充分的论证。最终得出的结论是，纸质教材是数字教材发展的基础，数字教材则可以在发挥纸质教材作用的基础上促进纸质教材的内容得到更多学生的认可，也可以供学生根据自己的喜好进行个性化学习。数字教材在一定程度上也使学生的书包减轻了。

（二）提高了课堂教学的实效性

在用云课堂进行教学当中，教师可以在课后或者在课中给每位学生发送习题，让学生来作答。每位学生的完成结果都会在教师的客户端有所显现，这样来实时地对学生进行考查，也方便了教师针对学生的难点进行解答。这种方式具备超高的实时性，规避了之前在课堂中学生都反馈很好，但在真正实践操作上却有很大出入的问题，非常有利于教师及时调整教学策略，提高课堂教学效果。

（三）提高师生课堂内外的互动

要想让学生提高云课堂学习的有效性，教师首先必须要创新教学方式，让学生充分利用云课堂教学模式与教师进行沟通。教师在了解了学生的需求和心理后，结合教学内容来创新教学方法，让学生得到激励，开始主动努力进行云课堂的学习。在一定程度上来说，云课堂教学也为教师的教学创新提供了很多便利。翻转课堂教学模式就是很成功的一个创新教学模式，教师不妨多多尝试翻转课堂教学模式，并且在教学过程中不断总结经验，创新出更适合自己所教学生的翻转课堂教学模式。翻转课堂教学模式可以从课前、课中到课后实现师生之间的交互，极大地活跃了师生课堂内的互动和课下的交流。其次是云课堂辅导教师团队的建设和组建，云课堂的出现也增加了教师的工作量，所以教师要组建一个专业团队来协调工作，减少个人的工作压力，大家一起协同合作，共同完成好教学任务。团队既能够帮助学生高效、有效地解决问题，促进他们的云课堂学习能力提升，又能够让每位教师的压力都得到缓解，促进教师和学生的双重发展。

（四）激发了学生学习思政的兴趣

在传统课堂中，教师也都会了解到教学效果的好坏与学生的反馈是成正比的。如果在课堂上学生没有对教师的讲述有任何的反馈，那么这节课就是失败的。即使有一定的教学效果，但必定不是普遍对每个学生都产生了共鸣的。尤其当面对如今有着互联网思维的学生，他们更加崇尚自由，更加喜欢新鲜的事物，这样就不能再延续以往刻板的教学方式。云课堂可以充分调动起学生的热情，让学生对思政课开始感兴趣。兴趣是一切学习的开端。并且人本身对于图像的感官更加直接，这也就让云课堂更能吸引学生的注意力。丰富和形象生动的教育资源激发学生强烈的求知欲，从教学生学，到引导学生自主学习，一方面减轻了教师繁重的教学压力，另一方面也让学生更喜欢接受这样的授课方式，可以说是一举两得。

（五）提高了师生合作学习的能力

思政课堂也同其他教学专业课堂一样，始终都要以学生为主体。云课堂的出现也充分帮助教师抓住这一点。云课堂改变了传统的学习模式。传统的教学，教师讲、学生学，这样的教学模式学生处于被动学习。云课堂则是先让学生来进行自主学习，再让教师加以辅导，大大增强了学生提出问题、分析问题和有效解决问题的能力。而学生先进行学习不代表教师不需要做任何的管理工作。教师需要引导学生提前了解学习内容，组织学生对新的课程进行讨论。云课堂在减轻了教师对复杂知识点教授的难度外，也对教师是否能够多与学生交流，多将精力放在学生身上提出了考验。

五、思政课堂教学引入云课堂的路径

（一）完善学生监督机制，关注学生学习心理

教师要想强化学生云课堂学习能力，首先就要建立起完善的学习评价制度，对学生自主的学习进行考核和监督，促进学生自主学习能力的形成。目前很多普通高等院校的云课堂平台之所以效果不尽如人意，都是因为缺乏评价和监督机制所导致的。学生的自制力不提高，云课堂的作用就不能充分发挥出来，当然也就没有学习效果可言。所以，教师要建立起一个严格而又人性化的监督管理机制。在保证学生进行学习的同时，也能够让学生感受到云课堂平台带来的欢乐，让学生开始真正喜欢加入云课堂平台的自主学习当中。在长期的自主学习当中，学生的自制力就会显著提高。在具体的建立方法上，可以采取为学生建立电子档案考核的方式，将学生的实时学习动态和数据都做详细统计，对学生进行考核，督促学生自律学习。

除建立完善的监督制度外，对学生进行心理教育也非常重要。可针对

学生的心理问题进行在线辅导，帮助学生从心理上对云课堂平台产生认同，并且关注学生的心理健康，鼓励学生多向教师进行在线心理咨询，促进学生有良好的心理状态来投入学习中。

（二）提高和培养教师信息化能力

考虑到教师对云课堂的接受程度和接受能力不同，为了教师都能在短时间内掌握云课堂教学，对整体教师队伍进行云课堂教学培训是最可行的办法。一方面，在培训当中，可以通过专业人员的讲解培养教师的网络技术知识；另一方面，现在对教师的培训都有专业的技术手册，所以教师在培训之后自己也可以通过手册来进行学习。教师在掌握了基本的云课堂操作方法后，可以根据自身的学科来对云课堂的使用进行整合处理，根据自身的学科特点和教学目标来进行教学设计。在教学设计上要做到：第一，选择适合云课堂呈现的教学内容。在云课堂的使用中，教师需要学会通过云课堂的平台来获取丰富的教学资源，再将这些丰富的资源进行整合，制作成PPT或者是视频来方便课堂教学使用。第二，灵活运用云课堂教学形式。在传统的教学课堂中穿插进云课堂的教学形式，促进学科教学目的的快速达成。第三，要通过云课堂对学生的学习进行客观性评价。做到这三点才能让教师在掌握了云平台课堂的教学技术后，运用云平台教学技术增强学生对云课堂的适应能力，帮助学生通过云课堂树立自主学习的观念，并且养成自主学习的习惯。

（三）及时反馈和评价

反馈评价无论是在思政课堂中还是在其他专业课程中，都是十分重要的一环。这是教师教学成果的关键体现，也是对教师工作成绩的一种肯定。而要想将教学工作做到更好就需要教师在反馈当中多注意观察学生的态度，并且在云课堂中收集到的反馈信息都要仔细查看，仔细钻研自己哪里需要改进，哪里做得比较好，做到心中有数。教师要不断改进自己的短处，发扬自己的优点，才能把教学工作做得更好，也能让教学效果更好。教师既要培养学生树立正确思政观念，又要在教学中不断探索、不断提升自己，为普通高等院校思政教育的发展贡献出自己的力量。

云课堂平台中有很多强大的功能，也许有时候会被教师所忽视，但其实这些功能都有很大的作用。比如云课堂的广播、资源推送、分组讨论、在线测试、反馈评价这五大功能相互作用，刚好有效解决了在传统思政教学当中师生之间缺乏交流、互动不够的问题。同时凭借线上的便利，教师可以随时随地对学生反馈的评价进行回复，也可以随时随地对学生的作业或者习题和作品进行评价，让学生和教师之间的距离缩小。教师直接的评价能够促进学生的发展，学生直接的反馈也能让教师明确教学改革的方向。教师更清楚学生心中的难点问题，在讲课时就更具有针对性。而因为教师讲的都是学生想要了解的难点，也就吸引了学生的注意力，二者之间得到了充分的互动，也充分促进了二者的双向发展，有效促进了思政教学课堂的实效性建设。

比如在期末的复习课上，以往在复习课上学生都会很匆忙地记录考点和重点。一般来说，思政课堂的班级人数都非常多，一些学生可能听不清教师讲解的内容。云课堂就改变了这样的情形。教师可以在复习课开始之前就将所有考点和重点都发布出来，让学生提前了解，在课堂上主要对学生不容易理解的一些重点和难点进行再次的讲解，加深学生的印象即可。这样学生可以更好地理解，改变了学生以往思政课考试都是死记硬背知识点而没有任何个人理解的状况。而且在课下或考前，如果有学生对难点不理解，也可以及时与教师沟通，教师也可以在讨论小组里和学生充分讨论，加深了学生对思政课的重视。

云课堂的加入，不仅仅是改变了思政教育的教学方法，也促进了思政教育的发展，为思政教育的发展指引了一条明确的方向。云课堂优化了教学主要手段，提高了学生的学习热情，也让教师可以及时接收到课堂反馈加以改进，为加强学生的思想建设提供了一个良好的平台。

（四）绘制思维导图

思维导图对所有教师来说并不陌生。思维导图可以很清楚地看出各个层级之间的逻辑关系，因此很多教师都热衷使用。而思政教育本身知识点繁杂，在每个章节讲完之后，教师都会为学生列出一个清晰的思维导图来帮助学生将知识点捋顺。在传统课堂中，很多学生虽然记下了思维导图，但事实上还是会在一些难点上存在不理解的情况。云课堂则帮助这些学生有效解决了这个难题。学生可以通过云课堂，在手机上查看到自主实践研究思维导图的详细讲解和说明，必要的时候还可以查看详细的语音讲解和视频讲解，这样能够更直观地帮助学生来理解这些问题，也在很大程度上提升了学生对知识结构的构建能力。比如在"毛泽东思想和中国特色社会主义理论体系概论"的课程中，在为学生讲解中国特色社会主义理论体系框架时，教师可以在云课堂中提前推送一张自己规划好的思维导图。然后将讲解思维导图的具体视频都上传，留作学生之后查看之用。尤其在期末考试时，思维导图对学生复习起到了关键的作用。每章节的清晰思维导图，会让学生更容易总结以往的知识点，真正做到系统掌握思政观点和体系，对成绩提升有很大的帮助，并且这样也锻炼了学生的逻辑思维能力。

与此同时，对于一些探究性较强的教学内容，教师在预习阶段便将学生分成六个小组，由每组成员共同探究，合力在新课前利用手机完成思维导图的构建，并在课堂上将每组的成果通过云课堂技术平台直观地在同一平面上展示出来，让学生自己比较并评判优劣，最后由教师来总结。这样，不仅能够调动学生学习的积极性。而且，通过这种方式的训练，也能够提高学生把握课堂的重点知识和框架脉络的能力。

（五）整合教学资源

云课堂促进了课程改革的加速，也让思政教育的资源不足情况得到了充分的缓解。云课堂海量的授课资源和学习资源让师生都得到了极大便利，也让全国的思政教学资源得到了平衡。同时在思政云课堂上的每个人都是资料的拥有者和贡献者，这样更能让学生感受到自身的价值。而通过云课堂激活学生的思维，调动学生的积极性，让思政课堂动起来就是教师需要做的工作。能否做到让课堂动起来，主要就看教师能不能将这些丰富的资源有效整合起来，将云课堂的作用发挥到最大。良好的整合能让学生学习产生良好的效果，培养学生终身学习的观念，也能让教师更好地达成教学目标。

比如在讲中国特色社会主义理论时，可以让学生通过云课堂来查询与中国特色社会主义理论有关的实践理论，让学生学会整合手中的各种资源来发掘思政理论的重要性。这样不仅传授了理论知识，也相当于为学生做了一次实践活动。

第三节 慕课在思政教育上的应用

一、"慕课"与传统思政课的比较

新时代思政教育工作要想真正打动学生，将思政课真正上到学生心里去，提高思政课的亲和力、时代感、实效性和学生的获得感，而不仅仅是一种简单的纯理论和说教，就要将思政课与新的教学手段、教学媒介相结合，借助融媒体和移动互联网等学生熟悉的新技术、新方法开展思政课，做到在慕课教学形式下，在不改变思政课育人功能的前提下，从配方、工艺、包装上以学生喜爱的方式改进思政课。

（一）区别

1. 时空不同

传统思政课要求到教室来完成一节课的学习，学生和老师采取每周见面的方式进行思政课教学。"思政慕课"采取碎片化的学习方式，有一台电脑或者一部手机就可以完成课程学习，没有传统上课的那种"仪式感"，但是学生可以以自己比较舒服的方式进行学习，地点可以在宿舍里、家里、公交地铁上或者咖啡厅里。

2. 载体不同

传统思政课除了教师某时某刻在某个教室现场讲授，并无什么载体将其固定下来事后重听或者复习。因此，传统思政课如果遇到学生请假缺勤或者期末对一学期中的某一点、某个问题不明白想重新听一遍老师的讲解，则只能找教这门课的老师重复讲解，或者课上用录音笔把老师讲课的内容录下来，但这种方式毕竟不甚方便，因此不可持续。

现实中经常出现的情况是，一个问题想再听一遍当时老师怎么讲的，只要学生不好意思问，一般就听不到。"思政慕课"利用技术将每一节思政课固定下来，通过网络可以回放收看、收听，这就极大地方便了学生请假想补课或者课后复习。老师也可以通过回放自己的授课完善自己讲课的不足，不断提升思政课教学水平。

3. 教学主体不同

传统的思政课有着明确的大纲和教案，其假定前提是学生处于一个蒙昧或对相应知识的无知状态，教师以其理论储备向学生灌输、传授、传播理论知识。在教学中，教师以传授为使命，顺带解决学生一些问题。如果学生并不提问，教师也就不知道学生对理论掌握得如何。"慕课"由于技术的引入，教师在线边讲或者边讨论的同时，学生的问题或者疑点就反馈于教师，教师边看各种反馈边安排整个教学过程，有的问题学生特别感兴趣，或者结合当下特别紧密，学生希望多听，教师就可以安排后面的教学进度多讲，有的问题学生可能手里有更好的佐证资料也可以在"慕课"系统上共享，真正做到以学生为主体，改变了思政课教学的"供给侧"，提供学生需要的内容。这种主体的转换也改善了思政教学师生的人际互动。

4. 教学核心不同

传统思政课堂基于思政课的公共课特性和课程本身的政治理论的严肃性，在教学环节中通常是以教师为核心，教师主导教学的过程，以教师讲授为主，即使不乏一些讨论或者小组活动环节，最终落脚点还是理论的阐述。不仅如此，由于课程本身的严肃性，学生上思政课也往往表现得很严肃，也许是因为大班教学人比较多或者对于理论的敬畏，学生参与课堂讨论远不及专业课那么积极。"慕课"依靠技术手段隐去了面对面的"尴尬"，采取边看慕课边在旁边讨论区留言讨论或者弹幕参与讨论的方式，可以使学生在上课的过程中有任何想法都可以畅所欲言，在一定程度上实现了以学生为中心。

5. 培养目标不同

传统的思政课认为，课堂除了传播理论知识、帮助学生树立理想信念和正确的"三观"等，还要提升学生的人格魅力，这种提升是和老师的身教、感化不可分割的。"思政慕课"在理论传授、立德树人等"言传"方面的教育上是丝毫不落后的，但是缺乏一种"身教"的平台。"身教"是需要面对面接触形成的，并不是隔空的电脑、手机或者技术手段能进行的。

6. 评教体系不同

传统思政课的教师评价体系（在一些普通高等院校将其简称为"评教"体系）是单独适用一套标准，既不同于专业课，也不同于外语、体育等其他公共课。其指标既包含教学态度、内容、方法、效果等通行的普通高等院校课程评教标准，又包括课堂教学与社会的热点问题有机结合，注重对学生心理、情感、思想的启迪和引导，有助于学生形成正确的世界观、道德观、价值观等这些独有的标准。"思政慕课"必然要采取与之不同的评教标准，除了评价指标中的一位或多位老师的教学态度、教学内容、教学效果或者教学印象，还要评价"慕课"的制作效果、互动及交互效果、界面是否友好等。

（二）"慕课"与传统网络公开课的比较

"慕课"是不同于传统网络公开课的，虽然这两者有一些相似之处。"慕课"是一个完整的教学过程，是一种与融媒体和"互联网+"融合的教学方式，但是传统课堂的环节慕课丝毫不会缺少。在线进行课程教学的同时，正常教学环节中的课堂讨论、课堂交流互动、课堂问答、课后作业以及测验一个都不会少。"慕课"建立起一套系统完备的学习过程管理、质量监控、成绩评价体系，作业通常采取主观题教师在线评、客观题机评的模式。慕课成绩由上课签到、课堂测试、在线互动、课后作业和期中期末机考测试等组成。而网络公开课仅仅是录下来上课的一部分实况，以便更多的人在其他时间观看"录像"，其他人再看到的就是"录播"而非"直播"，往往也不具备课堂交流等交互环节和课后作业环节。

二、"慕课"的作用

如前所述，既然"慕课"和传统教学方式不尽相同、各有千秋，近几年中国"慕课"的迅猛发展甚至"慕课"总量居世界第一必然有其客观需求和原因。"思政慕课"在解决师生比、大班授课等长期困扰普通高等院校思政课教学的老大难问题方面的确发挥了独到的作用。

（一）促进了思政教育的公平性

一个学生要想接受一节"985"或"211"名校的传统思政课学习，不是一件容易的事。除非去旁听，否则这个学生需要有这所名校的学籍，这对于中国大多数大学生来说就已经遥不可及。自 2018 年 5 月天津市在第二届世界智能大会上发布"海河英才"行动计划，宣布在天津无工作的未满 40 岁全日制普通高等院校本科毕业生可"零门槛"落户以来，一天时间就有 30 万全国各地年轻人来天津申请落户①。这其中相当一部分是看中了较低的高考报名人数和较高的高考录取率。这足以证明在全国范围内，能够进入名校学习的学生还是占据少数。但是，一个学生如果想听一节"985"或"211"名校的"思政慕课"就非常容易了，只需要支付极其廉价的学习成本或者零成本就可以实现。这极大地打破了教育资源的壁垒，更有益于缩小地区城乡教育差距，实现教育公平。毕竟思政课关系着培养什么人的问题，全国范围内各级各类高校大学生都应该接受优质的思政教育，补精神之"钙"，为成为担当民族复兴大任的时代新人提供思想基础。

（二）弥补了传统思政课的不足

纵观全国大部分普通高等院校，传统的思政课教学采取的是大班教学授课的形式，四到六个教学班合并在一起，一两百甚至更多学生一起上一节思政课。这种教学通常在大的阶梯教室中进行，一名思政课教师在讲台上卖力讲课，上百学生坐在教室里面听讲，教师要借助扬声器才能将声音传播到每个学生耳朵里面。而往往坐在后排或者边上的学生要看到大屏幕上的课件或者教师的板书则比较费劲，如果大教室侧面没有屏幕，单靠看教室前方黑板旁边的大屏幕往往看不清楚。这种靠扩音才能听清老师讲课，难以看清黑板和大屏幕的上课方式从手段上就造成了师生之间的疏离，给学生以思政课"飞在天上"的感觉。

"慕课"则可以很好地解决这一教学形式的问题。还是以一个年级一两千学生为例，一门思政课通常配有至少四名思政课教师。一个不争的事实是，一个老师同时管理几十个学生的教学效果远比同时管理一两百甚至更多学生的效果好。如果采取小班面授与"慕课"相结合的方式，一部分

---

① 2018 年 5 月. 第二届世界智能大会.

学生接受思政课教师面对面在小教室里面授教学，由于师生配比更科学，一个老师面对几十个学生，既可以关注到每个学生的课堂反应，也可以正常进行交流、提问等环节，而且开展一些思政课教学环节中的角色扮演、问题研讨、翻转课堂等活动，也可以得心应手地进行。与此同时，另一部分学生在机房或者宿舍电脑前甚至是手机前采取"慕课"远程同步在线直播的形式，每个学生面对屏幕中的老师，可以清楚地看到老师讲课的动作和表情，同时，可以采取创新的师生互动交流的方式，比如学生提问可以采取"弹幕"等视频网站流行的年轻人喜闻乐见的方式，教师或者同时听课的学生可以对"弹幕"提问进行实时解答。在在线"慕课"过程中为了增添其趣味性还可以设置一些小的"关卡"，比如中途弹出一些小题目，或者点击一些课程过程中的积分框增加积分，或者每一节课结束的积分抽奖，等等，并且为了调动学生的积极性，还可以设置一些参与度排名榜之类的各种排行榜。总之。传统思政课课堂教学的这些不足都可以借助融媒体＋"慕课"的形式加以改善。"慕课"可以轻而易举地完成讲解、互动、交流、反馈、答疑等环节。

（三）实现了思政课过程考核

课程考核是一门课重要的一个环节，也是一门课教与学状况的一个反馈。课程考核可以加强学生对一门课的重视程度，备考的过程也是对一个学科的知识进行集中梳理的过程。当前思政课改革提倡更加注重过程，从教材体系向教学体系转化。"慕课"可以做到将学生学习这门课的每个环节"留痕"，比如登录出勤都会有所记载，记录学生在某时某刻在线学习这门课，并在其中进行了哪些互动环节，一个学期提交了几次作业和测验。这样考核平时成绩比课堂点名抽查更为科学，点名只是点到学生出勤与否，而"慕课"的过程痕迹化管理不仅使教师了解学生有没有在线出勤，而且了解到整个学习环节。课后作业和测试在"慕课"系统提交既便捷又便于系统自动批阅成绩记入平时成绩，真正实现客观公正的过程考核。而且批阅后的作业可以很迅速的反馈给学生，不像传统思政课期末交了作业师生基本就不再见面，由于一个教师一学期教几百人，作业也很难返回到学生手中的局面。毕竟思政课理论传授和育人才是最终目的，在这个过程中作业的订正其实是至关重要的。

这种过程考核的方式会使学生更加注重学习思政课的整个过程而不仅仅是期末考试这个最终结果，注重过程才会沉浸其中，沉浸其中才有可能真心喜爱、终身受益乃至毕生难忘。

三、"慕课"的新要求

（一）教师方面

从传统课堂到"慕课"教学，从线下几百人的大教室里到互联网或者移动互联网线上，这种时空的转换对于在传统课堂授课若干年的思政课教师来说，必须进行技术的跟进和角色的调整，这就对传统思政课教师提出了新的要求。

首先，思政课教师在备好本职课程的同时，还要掌握好融媒体"慕课"的必须技术。教师不仅要能讲好思政课，还要掌握在线回复学生问题、回应学生讨论、随时发布测验、发布课件以及有关视频、在线布置小组作业并进行跟进指导等手段，这不仅要求教师在镜头前能自如讲课、熟练使用"慕课"软件，还要求教师熟悉一些配套辅助软件的使用，如抖音、视频、剪辑软件等。这种媒介素养的新要求，对于一些 80 后、90 后中青年教师来说，并不太难，但是对于一些不善于使用融媒体的年长教师来说，的确是一个不小的挑战。

其次，思政课教师要处理好"线上"与"线下"教学的关系。虽然"慕课"教学大大弥补了传统思政课课堂教学的不足，但是我们必须始终牢记思政课的育人属性。切忌沉迷于技术的五花八门而忽视内容本身、忽视了思政课本身的育人属性。再新的技术手段，再多的好看、有趣的视频也不能替代理论本身的讲准、讲透。良好的课堂讲授能力，得体的教风、教态，扎实的理论讲授基本功无论何时都是思政课教师立足的根本，在此基础上，实现传统课堂与"慕课"，线下教学与线上教学的互补。

（二）学生方面

普通高等院校四门思政理论课都是在大一、大二，也就是低年级大学生中开展。低年级大学生迈出高中校门时间不长，一些学生还习惯于我国中小学长期施行的政治课应试教学模式。很多学生本身对学习思政课并没有多大的兴趣，只是迫于考试和学分的要求，不得不学习以求考试通过他们习惯于中学政治教师那种盯着学、看着背、反复督促的学习模式。一些学生在教师的不断监管下，高考或者会考政治课也能取得一个较好的成绩。如果在普通高等院校思政课中实施"慕课"教学，就需要学生有较强的自主学习能力，至少具备能够按时登录并观看完课程的自觉性，并且完成课后作业、讨论等环节。这对于国内相当一部分普通高等院校大学生来说，并不是一件容易的事情。他们一开始出于好奇应该可以按时完成课程，但是坚持一学期自主观看、自主完成作业就需要一定的定力或者辅助手段。

（三）课程方面

如果学生本身对思政课并不感兴趣而是迫于老师的督促和签到的压力去课堂，那采取"慕课"的方式就会给学生逃课以可乘之机，他们可以"灵活"到打开"慕课"界面，然后做其他的事情。所以，实施"慕课"教学的前提是要提高思政课的吸引力和学生的获得感，使学生至少是大多数学生认同并愿意上思政课，这样才能保证他们在教室外、屏幕前能够主动的听课并完成学习。这就需要思政课本身的"配方"要更先进，"包装"要更独特，"工艺"要更精湛。更加贴合学生的实际，更有时代感，使学生自主自愿地坐在电脑前参与思政"慕课"的学习，这就对思政课的吸引力提出了更高的要求。

四、"思政慕课"需要解决的困境

（一）如何应对"马太效应"

以往的思政课，学生在哪所普通高等院校，就上哪所普通高等院校的思政公共必修课，无从选择也不会刻意去对比，就是按部就班一学期上一门思政课，每周固定时间去固定教室见固定的老师，完成课业。引入"思政慕课"后，学生在有网络的电脑上或者移动互联网上观看"慕课"，以及完成一系列和课程有关的作业或者互动行为。近几年融媒体的发展突飞猛进，网络上各种资源数以万计，大数据以我们想象不到的方式又自然而然的作用于每一个"触网"的人。至今，普通高等院校四门思政课都有了知名普通高等院校制作的知名"思政慕课"在线，仅清华大学学堂就有整个四门课的全部内容。那么在学生观看本校"思政慕课"的同时，大数据会在电脑上推送一些全国马克思主义理论或者哲学社会科学顶尖的普通高等院校的相关"慕课"。例如，学生在电脑前观看本校的一节《思想道德修养与法律基础》课的"慕课"，互联网或者移动互联网就会马上推送过来全国的大学主讲这门课的名师课程。"慕课"环境下学生可以打破学校学籍的界限，实行全网环境自由对比选择，毕竟我们不可能也不应该阻止学生选择对他们有帮助的课程。这就会形成"马太效应"，名校的"思政慕课"会越来越受欢迎，而普通高等院校的思政教师将原本的课堂教学延伸至线上制作或者直播的慕课就可能不被学生所青睐。

（二）如何在新教材中体现"思政慕课"

"思政慕课"虽然形式标新，操作起来学生喜欢，符合年轻人的阅读、观看习惯，在极大程度上体现了时代性的特征，但究其本质仍然是思政课而非某个娱乐节目。因此，形式可以大胆创新，但是思政课的育人功能不能改变。必须结合思政课课程改革和教材改革的趋势，做好新教材进"思政慕课"课堂，继而进学生头脑的工作，而不能让学生热热闹闹看了慕课之后，头脑中并没有受到习近平新时代中国特色社会主义思想的武装和洗礼，如何做到新颖有趣、有技术含量，而又使政治教育效果满满，是"思政慕课"需要解决的问题。

（三）如何解决"言传"与"身教"相结合

"思政慕课"虽然弥补了传统思政课师生比、情感疏离、缺乏过程考评等方面的不足，具有一定的优势，但是存在一个明显的短板，就是由于师生通常是不见面的，尚未解决思政课教师思想教育与言行育人的"身教"问题。"思政慕课"纵然千好万好，但是学生见不到老师，无法接受老师本身"行为示范"的感化，这不得不说是一个缺陷。我们通常评判一个优秀的思政课老师，其不仅仅是将理论讲准讲透，还要以身作则传播正确的"三观"，还要对学生个体予以关注，注重对学生心理、情感、思想的启迪和引导。随着时间的推移，有些可能会被学生遗忘，但是一名好老师的人格启迪是可以铭刻在大学生人格养成过程中。比如，天津师范大学退休的思政课教师王辅成，退休后不遗余力为学生宣讲马克思主义科学理论 1320 余场，听过他宣讲的年轻人说，他讲"三观"，能把人讲哭了，他有一批粉丝，他讲到哪里，他们跟到哪里。这种"讲哭"和跟随，不仅仅是内容撞击学生心灵，也包括教师的人格感染。这种人格育人的"身教"作用，隔着电脑屏或者手机屏幕，"思政慕课"是难以达到的。

五、"思政慕课"的发展路径

（一）充分发挥公共图书馆的作用

"慕课"是互联网+思政课的一种有益探索。什么是"互联网+"？简而言之，就是将互联网和其他传统行业或者传统事物进行有机结合。"思政慕课"就是融媒体互联网时代和主阵地、主旋律的思政课的有机结合。这里面的"+"是加速发展、破旧创新的意思。在融媒体时代，人人有终端，处处可上网，时时有连接，物物可传播。图书馆在融媒体时代起到信息源的作用，应当对接当前"思政慕课"，将图书馆中关乎人类智慧结晶的馆藏资源用于"思政慕课"中。比如：将传统文化诸子百家的馆藏资料用于"思政慕课"中的中华民族传统美德的部分；将抗日战争、解放战争的馆藏资料用于"思政慕课"中弘扬中国革命道德部分；或者将"思政慕课"在线资料、在线课程或者在线课堂中加入相关联的图书馆或者电子图书馆资料链接……其中，普通高等院校图书馆在"思政慕课"中发挥的作用是精英教育的模式，主要针对的是普通高等院校大学生的思政课教育；而社会公共图书馆则在"思政慕课"中发挥大众教育的模式，主要针对社会公众或者全民思政教育。

此外，图书馆可以搭建起"思政慕课"在线检索平台。目前，我国已有 1.25 万门慕课上线，超过 2 亿人次参加学习。如何让学生或者想学习"思政慕课"的人在这么多的慕课中寻找到最适合自己的，图书馆应该搭建起方便易用的检索平台，发挥其助攻大众终身学习、终身思政的作用。

随着科技的发展，数字阅读成为广大公众特别是年轻人最为常用的阅读方式，碎片化的阅读已经成为很多人的阅读习惯。图书馆提供的"慕课"检索平台也必须符合大众这种阅读和检索习惯，毕竟"易检索到"才是坐下来参与"思政慕课"的前提。

（二）创建独具特色的"思政慕课"

近几年，在高等教育领域，的确出现了"慕课热"现象。基于"慕课"的便捷性和其在促进教育公平中发挥的作用，特别是 2018 年 4 月为期一周的慕课宣传周的大力宣传，我们可以断言，"慕课"将在未来相当长的时间内继续"热"下去。然而，正如多媒体幻灯片以及 PPT 课件代替传统板书一样，技术手段的运用将弥补传统教学的不足，但是不会完全替代传统的教师讲授。"思政慕课"也是一样，它可以作为适应新时代，上"活"思政课的一个手段，但不会完全替代思政教师对学生的面对面指导。我们如何做可以避免跟风，切实发挥"思政慕课"的作用，做出"思政慕课"独有的特色呢？

首先，融合而非替代传统的思政课堂教学。"思政慕课"是大学思政课教学手段的一种融时代有益尝试，但并不能等于思政课全部。普通高等院校思政课除了具有理论传播的"教书"属性，还具有承载着思想教育的"育人"属性。这是思政课与其他专业课或者外语、高数类公共课的最大区别。思想教育功能如果离开了面对面交流，效果是会大打折扣的。技术的优势是有目共睹的，但是传统课堂也并非一无是处，否则也不会在我们高等教育发展历程中经久不衰。因此，辩证地将思政传统教学与"思政慕课"融合起来，两种方式实现优势互补，针对每所院校自身的情况，承担起大学生思想教育的使命。

其次，可以用"翻转课堂"的理论改善"思政慕课"，形成"思政慕课+翻转课堂"的模式。传统课堂遵循"先教后学"，先认识后实践的逻辑顺序进行的。翻转课堂遵循"先学后教"的模式，由学生课下自主完成学习并提出问题，课上和老师一起交流、研讨事先发掘的问题，并探寻解决方案。"思政慕课"可以学习翻转课堂的理论，比如一所普通高等院校一个年级的学生采取"思政慕课"的方式完成一门思政课的学习，可以在学生每周在线观看"思政慕课"并且完成在线相关环节的基础上，在期中和期末或者每个月，选取固定的时间，由本门课本校的思政课教师集中采取面对面上课的方式解决这段时间学生在"思政慕课"学习中的问题。其过程不仅仅是答疑解惑，还有理论和相关问题的研讨，这种形式类似于"翻转课堂"。这样，既发挥了"思政慕课"本身的技术优势，解决了师生配比不足的问题，又弥补了师生缺乏面对面"言传身教"的弊端。

第四章　大学生思政教育体系的构建

本章内容为大学生思政教育体系的构建，主要从四个方面内容进行了介绍，分别为思政教育体系、高校思政教育体系构建、思政教育育人体系构建、"大思政"与课程思政。

第一节　思政教育体系

一、关键环节

我们把整个教育活动，根据教育者"施教"与受教育者"受教"的两个不同视角，把思政教育活动的主要环节归纳为 14 个关键环节。可以分为两类：

（1）目标、任务、组织、学科、课程、教学、评价等环节构成了从教学目标转化为教学任务，从教材体系转化为教学体系，以及在教学活动中从知识体系转化为价值体系过程的整个链条。

（2）知识习得、能力培养、价值认同、情感共鸣、思想转变、立场站稳、行为践行等环节，构成了受教育者从最初知识的习得、能力的培养、情感的共鸣到思想的蜕变与升华，从思想的提高逐步到信念的坚定与立场的站稳，从马克思主义立场到付诸报效祖国和社会行为过程的整个链条。前者体现了从教学活动的自觉性，后者体现了学习的自觉性。

二、改革创新发展

高等教育教学活动是一项长远的系统工程，除了作为教学活动必不可少的环节，以及受教育者思想转变过程中不可或缺、支撑教育活动得以顺利开展的主要内在关键环节，高等院校还需要通过改革创新来为其注入发展的活力，以特有的精神文化来引领大学前进的步伐，以中国共产党领导下的思政教育来保障正确的办学方向。

首先，从动力性来看，改革就是变法，变法就是权利义务的重新调整。创新就是打破原有的条条框框对人们思想的束缚，善于研究新情况，有效解决新问题，能够创造出前所未有的新鲜事物。高等院校也需要通过持续的改革进行权利义务关系的不断调整，从而激发前进的动力，只有打破既往的利益框架，集中必要的人力、物力、财力，才能从世界范围内吸收一流的人才来学校开展教育、科研与管理工作，才能通过跨学科、多学科的复合，产生具有全国，乃至全球影响力的成果。因此，只有不断深化改革，推进创新，才能构建高等院校发展进步的动力性逻辑支点。

其次，从引领性来看，高等院校如果要在世界范围内一流大学拥挤的激烈竞争中求得生存和发展的空间，必须有差异化的发展战略与独特的精神文化气质。一所大学是否知名，不在于它的名字，也不在于它的规模，如巴黎高等师范学院，可以说是世界上最小的名牌大学，每年只招收大约200名学生，但培养出一大批在法国乃至世界都享有声誉的优秀人才。再如加州理工学院，其享誉世界在于它的人才培养质量与科学研究水平，透过这些显性指标，其背后最具影响力和竞争力的因素是其特有的文化底蕴。

第二节 高校思政教育体系构建

一、思政教育目标

（一）我国教育目标现状

教育目标是在中国共产党的教育方针指导下培养人才队伍的方向。中华人民共和国成立以来，围绕建设者和接班人的培养，中国教育事业不断发展壮大，取得了巨大成就。70 年以来，党的教育方针始终坚持德育为先，始终把坚定的政治方向放在办学第一位，在加强思想政治教育，引导青少年坚定理想信念和厚植爱国主义情怀方面，进行了深入细微的探索与实践，培养了一代又一代听党话、跟党走，扎根人民、奉献祖国的社会主义建设者和接班人。然而，不得不说，在现实教育活动中，偏离教育目标，乃至与正确的教育目标背道而驰的现象依然存在，导致教育目标发生了异化。比如，一些地方教育部门和教学单位包括教师在内，以升学率为指挥棒，导致教育目标呈现出功利化的特点，因为好的升学率能够带来名誉，带来物质奖励，也能带来职业晋升的空间，所以教育的功利化色彩越来越严重。久而久之，部分学校教育偏离了德智体美劳全面发展的初衷，偏离了立德树人的初衷。同时，教育也被当成了商业化的运作行为，虽然社会民办教育机构能够带来就业，能够补充公办教育的一些不足，但事实上，在商业化资本追求利润的影响下，一些学校急功近利，办学行为不规范，过分注意经济效益，忽视社会效益，给教育带来了不可避免的负面影响。

（二）思政教育目标的特征

思政教育目标从其依据和方向的角度可以看出，它具有多重特征。

1. 社会性和阶级性相统一

所谓社会性是因为思政教育是做人的工作和教育，人的本质在其现实性上是一切社会关系的总和，但在阶级社会中，不同阶级的人的社会关系及交往是不一样的。中国作为社会主义国家，是为最广大人民群众谋利益的，是向着共产主义社会迈进的国家，因此中国的思政教育既体现了尊重人的发展的一般性，又体现了存在于这个社会中绝大多数人民的利益，是社会性和阶级性的统一。

2. 指引性和保障性相统一

陈秉公认为思政教育目标就是在一定时期内，进行各项思政教育活动，在受教育者思想品质、心理素质及行为（人格）方面所要达到的预想效果。① 这种"预想效果"就体现出了指引性特征。当然，既然要达到指引的目标，就需要做好全方位的保障，因为经济基础决定上层建筑的基本原理，对受教育者以相当的物质保障，给教育过程以充分的制度保障，等等，都为达到指引性提供了前提。

3. 自律性和他律性相统一

思政教育目标的充分实现一定是内因和外因共同作用的结果。内因是基础，外因是条件。两者辩证统一于思政教育目标实现的全过程之中，缺失其中任何一个要素，目标的实现程度都会打折扣。这种关系生动鲜活地体现在思政教育课堂教学中。也就是说，如果缺少自律性和他律性的辩证统一，思政教育课堂教学的实效性就会降低。

4. 知识性和价值性的统一

思政教育目标的实现的内在逻辑包含两方面，所谓德智体美劳全面发展的合格的社会主义建设者和接班人，一定是具有较高知识素养和能力的新时代青年，也一定是具有家国情怀，充满公平正义，拥抱善良和美好的新时代青年。

5. 个性和共性相统一

思政教育目标从教育对象角度出发，有社会、群体和个体目标之间的差异，与之相对应，思政教育体现出个性和共性相统一的特征。换言之，

---

① 陈秉公. 思想政治教育学 [M]. 延边：延边大学出版社，1997.

思政教育尊重人作为社会关系的产物，由于每个人成长环境、先天条件、后天机遇等的不同，会出现千差万别的人，因此尊重人的个性，但培育培养的目标是一致的，具有共性，那就是要提高思想道德素质，促进人的全面自由发展，为社会主义建设服务。

二、思政教育任务

思政教育不但有目标也有任务，目标和任务常常不可分割，你中有我，我中有你，培养社会主义建设者和接班人是我国教育的根本任务，也是方向和目标。思政教育作为培养人的思想总开关的一项工作，集成创新任务体系在当下非常必要而紧迫。

（一）任务的内涵

通常意义上理解的任务就是指应该担负的责任，以及需要完成的交派的工作。它一般发生在能动的双方之间，其中一方作为规划者、领导者或者师长之类的角色，就某一项工作交派给另一方，承担工作的一方就是执行任务者。根据任务承担者、任务性质、任务大小、轻重、缓急，任务的层次、任务的内容、阶段等不同的角度审视，任务的划分种类非常复杂。如长期任务和短期任务，特殊任务和普通任务，战略任务和战术任务，工作量大的任务和工作量小的任务，针对人的任务和针对事的任务，有效促进自然科学技术进步的任务和有效促进哲学社会科学进步的任务，追求民族解放的任务和追求国家富裕的任务，阶段性的任务和持续性的任务，等等。总体来看，任务是人类社会进步的标志和有效促进力量，任务质量完成得好坏高低，决定了事物发展前进的程度。就思政教育任务而言，显然是针对人的培养问题的任务，是长期的、艰巨的，为了国家民族进步需要不断提出新的要求的战略任务。

（二）任务的作用

人类社会发展进步的实践证明，布置愈加明确、清晰的任务，完成质量越好，越能有效促进事物在短期内实现质的飞跃。究其原因，是因为任务本身具有的功能作用能够有效促进事物发展进步。具体而言，任务的功能作用大致可以分为以下几个方面。第一，任务具有指向性作用。指向性的功能作用确定了任务完成的质量数量，完成任务的前景，完成任务需要采取的路径选择，同时，也指向了任务的性质，从而确保完成人不犯方向性错误。第二，任务具有规定性的功能作用。规定性的功能作用明确了完成指标及标准，明确了完成任务的技术路线，必须有效解决的重点难点，评价考核标准，等等。第三，任务具有前瞻性的功能作用。前瞻性的功能作用是由任务本身决定的，因为无论何种性质的任务，其完成度的高低好坏直接决定事物下一步的进程，如果完成得好，就会在完成得好的基础上再发展、再进步。如果完成得不好，则需要在此情况下启用备案或者中止任务，尽量将损失降到最低。

（三）思政教育的根本任务——立德树人

立德树人是思想政治教育的根本任务，其作用有以下几方面。

一方面，把握住了人的发展成长与社会发展进步之间的内在逻辑关系。社会的发展进步离不开社会人的贡献和有效促进，如果社会人均是无德之人，那么就会对社会发展进步起到反作用，因为道德作为一个系统，它是人类社会几千年来在不断总结经验教训基础上提炼出来的，有利于社会发展进步的价值体系。遵循这种价值体系，就会顺应社会发展趋势，有效促进社会发展进步。违背这种价值体系，就是逆潮流而动的表现，最终损害社会发展进步。作为社会主义的新中国是社会主义国家，当今时代，我们提倡社会主义核心价值体系和社会主义核心价值观，以集体主义和爱国主义作为社会主义道德的原则与核心，这是经过实践发展检验了的必然真理。所以，教育作为培养人的核心活动，必须服务于社会主义的发展进步，必须将社会主义核心价值体系和社会主义核心价值观的推广确立，将其建基于人民群众内心的道德法则。

另一方面，这是中华民族几千年来追求大同社会必须首先做到的前提。作为个体来说，中国文人期待的"立德、立功、立言"之"三不朽"追求影响深远，首当其冲者就是"立德"。回顾历史，可以发现，中国传统儒家主张的教化思想和实践，其中对教化的主体提出了明确的道德要求，如果教化主体不具备高尚的道德水平，就没有资格开展教化实践。这样的一种观念和坚持，为儒家教化思想在中国政治、经济、社会、文化、生态等各方面的文明建设中起到了至关重要的有效促进作用，也是中华文明接续传承的重要原因之一。为此，展望未来，将立德树人作为教育的根本任务，是中华民族站在民族复兴的历史关头所做出的正确的选择。

（四）高校思政教育的任务

1. 思政理论课的任务

普通高等院校思政理论课是普通高等院校思政教育工作处于一线的核心单元，对普通高等院校思政理论工作的成败得失具有根本性的影响。因此，明确普通高等院校思政理论课的任务，是确保普通高等院校思政教育任务能否高质量完成的前提。具体来说，当前阶段普通高等院校思政理论课的任务主要有以下几个方面。

（1）宣传引领和教育青年大学生坚定有效地促进中国之治

中国之治是中国道路、中国制度、中国智慧、中国文化、中国精神等合力开辟的人类史上空前的社会治理与人的发展模式。新时代条件下，我国正处在走向世界舞台中央的变动进程中，此一阶段只有勇猛精进，没有退路可言。所以，对于普通高等院校思政理论课而言，无论是学习践行社会主义核心价值观，培养"四有"新人也好，讲解"四个选择"的逻辑也罢，还是阐述我们党将马克思主义的认识论、方法论与中国革命和建设事业有机结合，开辟马克思主义中国化道路，建构中国化马克思主义新境界，都是来为中国之治逻辑的成立服务的，也是为坚定中国之治的中国自信奠基的。

（2）宣传引领和教育青年大学生主动投身伟大革命建设事业

宣传引领和教育青年大学生将个人价值与社会价值辩证统一，主动投身"两个一百年"伟大建设事业。以马克思主义理论四门主干公共必修课为例，《思想道德修养与法律基础》课程的意图非常鲜明，就是给初入校门的大学生一个高远的目标，至于如何实现人生价值并没有立即给出答案。这个答案在后续开设的三门公共必修课中逐渐得到了明确的回答。《中国近现代史纲要》课程通过回顾历史，让学生明白过往风云人物，与时代大势同向同行者成就了大业，背离或者逆向而行者只能留下历史的喟叹。这门课程的给了学生以大量而生动的事实教育，但理论似乎并没有说透。说透这个理论的任务放置在了《马克思主义基本原理概论》课程中予以解答，因为在马克思主义指导下，中国人民在中国共产党领导下取得了民族独立、人民解放和社会主义建设的胜利，走向了繁荣富强。当然，只是通过历史的教育并不能证明当下和未来。为此，《毛泽东思想和中国特色社会主义理论体系概论》就在最后阶段，担当了宣传教育和引领青年大学生的任务，让他们相信中国共产党不但在过去能给中国带来繁荣昌盛，也在当代更在未来必将继续取得前无古人的成就。青年大学生作为中国新时代的建设者，唯有将个人价值和社会价值统一起来，才能顺应大势，走向有价值的人生。

2. 思政教育者的任务

普通高等院校思政教育者主要包括思政课教师、哲学社会科学课教师辅导员、班主任、相关职能部门领导和工作人员等。思政教育者围绕立德树人根本任务对青年大学生开展思政教育。

（1）领导和组织思政教育活动的任务

普通高等院校思政教育工作的组织、规划、设计等均需要相关职能部门，特别是主体责任人牵线组织，无论是学校整体思政教育工作规划，还是分部门思政教育工作设计规划，均需要发挥好领导者和组织者的作用。作为领导者和组织则需要具备一些基本素质，比如说政治意识、立场意识、组织意识或者说创新意识，缺乏这些基本的意识，切实贯彻中央文件和精神的行动力、敏锐性、工作效率等就会打折扣，自然就会对工作的力度、质量、效果产生负面影响。俗话说兵熊熊一个，将熊熊一窝。普通高等院校的各级主体责任人在领导和组织思政教育活动方面，显然要比一线教育教学工作人员担当的责任更为重大，使命更为艰巨。

（2）执行和有效解决思政教育任务的任务

思政理论课教师主要负责课堂主渠道的教学，做好理论讲授和实践引领相结合的工作。辅导员、班主任则是带领学生开辟思政教育第二课堂主要负责人，讲授课堂之外的主阵地，不能忽视日常生活中的思政教育，所以目的在于强化理论认知，有效促进学生做到知行合一。各职能部门的工作人员则是做好上下左右衔接工作，上传下达，左右联动，在大环境上确保普通高等院校思政教育工作有序推进。无论是领导者、规划者，或者执行者、实施者，还是衔接者、联动者，都是普通高等院校思政教育工作中的教育者，分工不同，角色不同，但目标指向完全一致，如果思政教育者在工作中做不到、协调和统一，普通高等院校思政教育工作整体就会遭受损失，严重迟滞立德树人、铸魂育人工作的进度。为此，针对思政教育者各自承担的任务分工，细化明确普通高等院校思政教育任务体系就显得格外必要。

（五）高校思政教育任务的细化

思政教育作为一项综合性的工作，围绕立德树人的根本任务，在培养社会主义建设者和接班人方面，任务繁杂多样，非常具有挑战性，且由于完成思政教育根本任务需要多方参与和完成，因此各个方面的小人物汇成了一个庞大的思政教育任务体系。为了增强新时代思政教育任务的完成效果，提高完成质量，需要细化明确任务体系，为实现集成创新奠定基础。

1. 上下衔接

由于思政教育工作的复杂性和全局性，所以相关联的任务也就复杂多样，面对此种现实，唯有将任务放置在体系视野下，以上下衔接的原则建构技术路线图，设计阶段进展规划，以便于高质量完成好立德树人为核心的思政教育任务。所谓任务体系的上下衔接，就是指战略规划层面和战术执行层面均需要各司其职，各守其责，做好任务的传导消化工作，做好任务在战略和战术层面的分配工作，既不能让小任务、细任务、非核心的任务扰乱了战略规划层面的全局统筹，也不能让宏观任务、大任务、统筹性任务强加给不具备执行能力战术层面的单位或个体。

2. 责任明确

为了高质量完成思政教育工作的各项任务，细分任务并确定主体责任是非常必要的。如果不能细分任务，带来的结果就是责任不明，责任不明则意味着主体责任切实贯彻不够，显然任务的执行力度、完成效果就会打折扣。切实贯彻主体责任可以从任务的结果进行有效的回溯，这种回溯既是权利的回溯，也是义务的回溯。换言之，主体责任人作为执行任务的核心，既享有与任务相匹配的权利，也必须承担与任务相匹配的义务。如果主体责任不明确，回溯就会失去确定权利和义务的意义。更重要的是，如果主体责任不明确，缺乏统一指挥和领导，任务大可能处于放任自流的状态，失去其规定性、指向性和前瞻性的意义与特征，从而直接影响任务的完成质量，最终损害全局利益。

3. 权责相当

完成任务的主体责任明确之后，仍然需要明确任务范围，做到责权明确，权责相当，督促和指导任务完成单位在各自范围内各守其责，各司其职，不越界，不推诿。由于思政教育工作常做常新，而且随着外部环境的形势变化始终会有新问题出现，要做到集成创新，必须明确任务范围，以权责相当督促新任务不断取得突破。比如马克思主义学院的任务范围和团委学生处等职能部门的工作范围是不同的，其中马克思主义学院的核心任务是主渠道主阵地的坚守与开拓，如果在教学上出了问题，那就是马克思主义学院的责任，如果是社团建设中出了偏差，团委则必须承担失察之责。反之，如果教学改革做得好，教学成果突出，说明马克思主义学院建设质量是令人满意的，如果学生社团在思政教育工作方面有巨大贡献，那么团委作为主管部门则是应该受到大力嘉奖的部门。所以，在各自范围内做好自己的分内之事，显然是集成创新的第一要义。

4. 赏罚分明

为了督促执行人将任务完成得更好，在考核方面务必做到赏罚分明。思政教育工作需要创新，需要与时俱进，需要全力以赴，同时也需要脚踏实地。缺失其中任何一项，思政教育工作的集成创新或者说最基本的任务指标都是难以完成的。因此，考核标准也要分层次，对标对表，先礼后兵。在一定期限内，不做概略评估，要做坚定立场、坚定方向、坚定核心任务不松懈的考核。同时，鉴于思政教育具有与时俱进的特点，考核主要手段、指标也要根据任务的不同和进阶程度进行实事求是的调整。总而言之，赏罚分明也是促进高质量完成任务的一种手段和前提，有助于思政教育各方面任务得到可持续的高效率的有效解决。

三、思政教育组织

普通高等院校各职能部门作为一级组织，如果单打独斗，显然无法形成思政教育工作的合力，显现不出党的集中统一领导的制度优势，所以，作为高一级的领导层面，单纯在组织上讲求统筹推进依旧难以收到实效，需要上下互动，特别是各职能部门在思政教育工作方面需要自觉自省，主动出击，主动参与，主动配合全校思政工作。为此，各职能部门的工作人员需要提高思政教育的自觉自省意识，自觉围绕立德树人想办法出点子。各职能部门的主体责任人需要主动担责，敢于创新，敢于挑战，寻求横向交流，打通纵向通道，建立部门协作常态机制，实现多方参与，共同有效促进的良好氛围，开辟普通高等院校思政教育创新工作的新局面。

各个普通高等院校的学情不一、环境不一，发展阶段和质量也有前后之别和成熟与稚嫩之分。为此，各普通高等院校的"大思政"格局建设机制和建设路径也需要遵照本身的条件，无法完全根据上级行政部门的规划指令做到整齐划一，齐头并进。就资助育人工作来说，一般而言，名校、老校，有更多社会资源可以依赖的普通高等院校，资助育人工作方面承担的任务较重，因为这些学校有资可助，与之相对应，则能给学生创造更多的思政教育环境和机会。反之，一些普通高等院校或者社会资源相对较少的普通高等院校，可获得的资助机会和资助额度有限，其承担的资助育人工作任务相对较轻，资助育人系统也不复杂，与其他职能部门开展集成创新的机会相对较少，由此使得这项工作在这些学校大思政工作格局中分量较轻。因此，对所在学校而言，就需要实事求是，有所侧重，有所为有所不为，好钢用在刀刃上，将最可宝贵的资源、机会应用在本校最擅长的育人领域中，这种实事求是的态度和方法对普通高等院校思政教育创新发展而言是非常务实高效的选择。

四、思政教育学科建设

（一）"马学科"的建设

1. "马学科"介绍

理论界常常把马克思主义理论一级学科简称为"马学科"。根据"05方案"① 的规定，"马学科"下设马克思主义基本原理、马克思主义发展史、马克思主义中国化研究、国外马克思主义研究、思想政治教育，2008

---

① 中共中央宣传部、教育部.《中共中央宣传部教育部关于进一步加强和改进高等学校思想政治理论课的意见》实施方案. 2005 年 2 月.

年增设中国近现代史基本问题研究，共计 6 个二级学科。

2. "马学科"的作用

当前，这些学科在青年大学生的成长成才过程中，在培养社会主义建设者和接班人的核心任务方面，具有领航功能。具体表现如下：

（1）能够团结引领教育全体青年大学生

作为思政理论教育公共必修课程，"马学科"下辖的公共必修课程是每一位大学生的必修课，考试必须合格才能准予毕业。因此，从这个角度出发，"马学科"是一个超越于其他专业性学科之上的一门学科，它的受众是全体青年大学生，同时因为其讲授内容、学科培养目标的特殊性，使得该学科具有团结引领教育广大青年大学生的功能。其团结最广大青年拧成一股绳投入民族复兴伟业，引领最广大青年走好中国道路，开辟中国道路，教育最广大青年厚植爱国主义情怀，坚定理想信念，提升思想道德修养水平，增强进行伟大斗争的能力，巩固社会主义意识形态领域阵地的安全，在思想上起着总开关的作用。这些具象化作用及表现，体现出了"马学科"鲜明的领航功能。

（2）能够提高全体青年大学生政治意识和站位

在青年大学生心里，并不了解"马学科"是什么学科，但绝对清晰地了解思政理论课就是"政治课"，这个"政治课"不但是必修课而且是和政治生活息息相关的课程。从这点受众的基本观感可以发现，"马学科"确实以其特定的教学内容，指向性鲜明的考核评价，意在培养和提升全体青年大学生的政治意识，端正和提升青年大学生的政治站位，在涉及国家主权、领土安全、人民群众美好生活、国计民生等大是大非问题上，始终与党中央保持一致，坚持党的领导，克艰克难，去争取更大的胜利。

（3）能够提升全体青年大学生民族思想文化自信

"马学科"从思政理论公共课教学实践角度出发，可以发现青年大学生学习四门思政理论公共主干课程实际上是马克思主义大众化的过程，也是重新审视人类社会历史发展规律的过程，更是重新认识中华民族几千年来生生不息、凤凰涅槃的原因，重新评价其在人类文明发展史上的伟大意义，在思想文化领域返本开新的实践工作。先进理论和伟大实践的结合形成了良性循环，越来越好的发展形势，极大激发了青年大学生的民族自豪感，激发了他们的民族自信心；在思想文化领域，在青年大学生的心灵深处，都起到了巨大的激励作用，为中华民族在未来的实践中，继续坚持中国道路，坚定中国制度，实现中国之治提供了强大的理论保障和人才保障。

（二）"马学科"建设中存在的问题

学科建设是"围绕学科方向、学科队伍和学科基地，通过硬件的投入和软件的积累，提高学科水平，增强人才培养、科学研究和社会服务综合实力的一项系统工程建设的过程"。"马学科"作为一个年轻的学科，其成长发展和建设依然存在很多的困难和不足，面临的一些瓶颈始终难以取得更大的突破，概略梳理，"马学科"发展建设依然面临以下几类困难。

1. 专业师资队伍匮乏

师资队伍质量、数量等指标是决定学科水平和建设前景的决定性要素。从数量来说，"马学科"的师资队伍数量截至 2020 年 12 月，师生比基本达标，但不得不说，为了达标，部分学校的专职老师依然匮乏，只能采取兼职方式，这就从一定意义上拉低了学科建设质量。从师资队伍质量来说，由于历史的原因，相当部分的专业课老师并不具备马克思主义理论学科背景，管理学、历史学、教育学、心理学乃至其他理工类学科背景的老师在学科建设之初进入专职教师队伍，十多年来，虽然在从事思政教育工作，但受制于时间、精力、条件，对这个群体来说，在马克思主义理论学科造诣上更进一步的老师少之又少，由此导致另一个问题，即相当一部分的马克思主义学院在学科方向的凝练问题上长期无法突破。

2. 学科建设环境有待改善

近些年来，随着党中央将"马学科"建设、思政教育工作放在战略地位上予以重视，该学科及建设主体单位——马克思主义学院的发展建设环境相对宽松，可以说迎来了历史上最快最好的发展机遇期。但不得不说，部分普通高等院校和地方对此问题政治意识不够，政治站位不高，改革推进的步伐相对还是慢了，导致学科建设的硬环境没有达到党中央所期待的水平，如部分普通高等院校在办公面积、办公条件、资料室建设、实践中心建设等方面支持力度依然有限。软环境方面来说，主要是部分领导、部分老师对该学科思想上重视程度不够，认为"马学科"学科性强，在学校立德树人工作中就是擂鼓助威的，与之相对应，部分学校就会在职称评定、工作考核、教师数量等方面不注意该学科的特殊性，搞"一刀切"，继而影响马克思主义学院教师队伍的工作积极性，制约了普通高等院校整体思政教育工作的发展。

3. 学科边界、学科意识有待确立

"马学科"（马克思主义理论一级学科）自从单独设置成为一级学科之后，学科边界不明的问题一直存在。历史学、教育学、政治学、马克思主义哲学等学科在研究方法、研究视域、研究重点、难点、研究内容上对"马学科"均有巨大贡献。但事实上，也导致"马学科"与上述几类学科之间的边界模糊，"马学科"研究者常常借用其他学科的方法、概念、路径等基本内容，来充实"马学科"的建设。这种方法对新生学科而言，虽然有借鉴意义，起到了融会贯通的作用，但事实上也造成了"马学科"老师与其他学科的老师均存在学科意识模糊问题，应该如何养成鲜明的学科意识，应该是未来"马学科"建设工作的重点和难点。

除了上述几个比较突出的问题之外，"马学科"的建设发展也面临其他一些问题，如专业课和思政理论公共课在学生心目中的地位差异问题，思政理论课专职教师教学任务和社会服务之间的冲突问题，"马学科"师资队伍及后备人才建设可持续发展问题，等等。总而言之，这些问题如果有效解决不好，不走集成创新发展之路，势必造成普通高等院校思政教育工作的重大损失。

五、思政教育课程体系

（一）课程体系内涵

课程是普通高等院校教育教学活动的载体，是实现教育目标的基本途径，是"为有目的的学习而设计的内容"。从制定主体角度，课程可以分为国家课程、地方课程和校本课程三大类；从内容角度来说，课程有理论型和技能型课程，也有单一课程和综合课程，还有人文课程和科学课程等；从层次构成角度，课程可以分为公共基础类和专业基础类以及专业课程等。与之相对应的课程体系如果从"体系"的角度直观理解，那么可以认为是课程的系统化存在，对应每一个专业，就是所在专业对教什么进行

的整体性安排。但事实上，教育学界对课程体系的认识相对多元且复杂，教育学界相对具有代表性的定义，是将课程体系和课程结构等而视之，时而混用，认为课程体系也是课程结构。明确和建构完善科学的课程体系是人才培养的前提条件之一，如果有所缺损，就有"棋失先手"的嫌疑。

（二）课程体系构建原则

课程体系构建务必遵循几个原则。

（1）以学生为中心的原则。任何一个专业在设置初衷上都要围绕学生进行建设，培养方案概不例外，如果培养方案无视学生核心素养的发展完善，那么就是失败的培养方案。

（2）坚持实事求是的原则。由于课程体系是一套复杂的系统，所以培养方案必须坚持实事求是的原则，否则就会损害学生或者教师的利益。比如思政理论教育专业的课程体系先后经过了多次修订，修订的缘由不是凭空出现，而是社会发展和时代需要。

（3）尊重专业发展规律的原则。虽然课程体系中培养方案会随着社会和时代变化有所调整，但事实上，作为核心的规定性要素务必坚持做到守正创新。

以思想教育专业为例，培养方案中可以添加时代发展需要的内容，也可以根据学院学科教师实际，增减一些课程，但事实上无论怎样，该专业的核心类课程不能变，如果变了，专业名称也就变了，培养方向也就变了，这显然有悖于专业开设的初衷。为此，尊重专业发展规律，守住专业的专业性，使其成为有别于其他专业的专业，显然需要在培养方案上坚持应该坚持的，尊重应该尊重的。

（三）课程体系的构成及作用

普通高等院校课程体系由目标要素、内容要素和过程要素三大部分构成，其作用也就此被决定。综合来看，课程体系首先在人才培养方面具有指向性作用。诚如其内涵的目标要素，课程体系关于人才培养目标的设定，内在确定了培养方向，是各个专业显示区分度的首要标志。以化学教育和化学工程两个专业为例，在人才培养定位上，化学教育侧重大学或者中学师资力量培养，化学工程则侧重化工类人才队伍的培养，所以两者的课程体系在培养目标上的差异，就决定了培养方向的差异。其次，课程体系在人才培养方面具有规定性作用。规定性是由指向性衍生而来，方向不一致，培养路径、培养方法、培养内容显然就会有所差别，其中内涵的内容要素特别具有决定性，所以我们习惯称呼的专业人才是由不同的培养内容决定的。第三，课程体系在人才培养方面也具有引领性作用。课程体系往往先于教学体系设定，也就是说，某一个专业及其相关人才培养的计划一旦制定，首先必须规范课程体系，如果时代变化，课程体系一成不变，那么就失去了专业人才培养的社会意义，该专业也就走到了被淘汰的边缘。反之，如果课程体系因时而变，顺应社会发展现实，以社会需要作为课程体系优化完善的依据，那么从这个意义上，课程体系就具有引领性作用。

（四）思政教育理论课程体系的优化

思政理论课程体系它是由各门思政理论课程构成的有机系统，主要包括公共必修课课程系列和专业课课程系列。中华人民共和国成立以来，思政理论课程体系经过了"老三门方案""85 方案""98 方案"和"05 方案"的演进过程。当前我国施行的就是"05 方案"。鉴于课程体系的构成复杂性，也由于面对的教育对象不同，所以在提高教育教学实效性问题上，需要分而视之，与之相对应，在课程体系构建方面，也需要采取不同的路径，以求得马克思主义理论课程体系构建的最优解。思政课程体系的优化完善可以从以下几点入手：

（1）优化完善教学内容，确保各门课质量双升。虽然各门课程的学时设定有着明确依据，然而各位教师教学风格、教学重点、教学组织等各有差异，因此在有些老师看来，学时不够的情况依然存在。面对这种矛盾，急需各个学校以教研室为单位，就所带课程进行创新式的集体备课，就教学内容、教学组织、教学质量等问题集中研讨，优化教学内容，设计教学路线，交流教学方法，确保各门课程的学习内容不打折，教学效果有保障。

（2）根据实际可以进行课程内部结构的优化组合。当前本科阶段教学中，"毛泽东思想和中国特色社会主义理论体系概论"课程讲授内容多，牵涉面广，教师普遍反映无法面面俱到，因此专题式教学在各个普通高等院校被普遍应用。专题式教学的好处是内容聚焦，便利教师重新组织课程和教材内容，在聚焦重点难点的基础上，也能尽可能做到内容的全覆盖。

（3）在内容和结构上进一步优化完善研究生思政理论公共课程，提高研究生思政理论教学质量。目前，思政理论课的改革聚焦和集中于大学生本专科阶段，研究生阶段的改革相对较少，究其缘由，在很多教师看来，研究生阶段的教育教学相对灵活，专题式教学占主要地位，加之错误地认为研究生的学业任务较重，教育培养的重点和本专科生有区别，因此在思想意识和对自己的要求上多少有些松懈。为此，需要纠正并加强研究生阶段的思政理论课课程体系建设，在内容和结构上着手，优化完善不足之处，确保研究生群体在知识积累越加厚实的基础上，在学习生活工作中不犯方向性、战略性错误。

（4）"思政理论课实践教学"和"形势与政策"课务必是在与理论课有机结合基础上开设，确保关联性、一致性、补充性和全面性。当前部分普通高等院校的这两门课程虽有开设，但事实上铸魂育人的效果不是特别明显。究其原因，一方面是部分学校将这两门课程划拨给了团委、学生处的老师以及辅导员、班主任队伍，由此难以保证这两门课程与其他几门理论课程在体系上的完整性。另一方面，由于代课教师的学历背景、教学水平、认知能力等千差万别，所以导致两门课程的主渠道、主阵地作用的发挥成为疑问。因此，在课程体系优化完善方面，急需改变这一现状和设置上的短板，否则从全局意义上来说，破坏了国家制定的既有的课程体系，显然于情于理都是需要思考的一个问题。

（5）聚焦国家和社会发展需要优化完善课程体系。马克思主义理论专业课程体系并不是一成不变的，需要根据时代变化和社会发展需要与时俱进。比如20世纪八九十年代，该专业的培养计划偏重设置一些西方哲学社会科学方面的课程是非常需要的，因为当时的中国需要去更多更迫切地了解世界。时至今日，培养计划中除中西方思想文化交流方面的课程有必要保留并修订外，更需要根据变化了国际局势以及正在变化的中国，开设并加强服务于中华民族伟大复兴的课程，服务于坚定"四个自信"等的课程，如此才能保证培养出来的学生跟得上时代发展需要，更好地服务于国家各方面的建设。

（6）聚焦人才培养定位和目标优化完善课程体系。由于我国的大学是划分层次和划分类别的，因此同样开设马克思主义理论专业，但事实上每个学校的人才培养定位和目标就会呈现出差别。比方说本科院校和专科院校、师范类院校和综合类院校、理工农医类院校和以文科为主的院校，他们的人才培养定位和目标均不尽一致。在这种情况下，相对应的培养方案以及由此设定的课程体系就应该有所区别和侧重。比如作为综合类院校的重点马克思主义学院和师范类院校的重点马克思主义学院，其培养方案绝不能完全一致，如果完全一致，就违背了两个学校的设置初衷，也违背了两个学校的建设发展方向。在此情况下，综合类院校根据其人才培养定位和目标，所建构的课程体系就要把视野扩展得更大一些，不能局限于师范类人才的定位和培养。同理，师范类院校根据其人才培养定位和目标，所建构的课程体系就要把眼光聚焦得更专业一些。坚决反对无视人才培养定位和目标，在培养计划中建构大而全，不能突显学校和行业特色的课程体系。

六、思政教育教学体系

（一）教学体系构建原则

既然教学体系是一个有机组合的运作整体，那么就教学体系构建而言，务必依据教学体系的特点，在教师队伍、教学场域、教学内容等方面进行相对应的科学的改革。具体来说，教学体系的构建需要坚持以下几个原则。

1. 依靠教师队伍

从宏观角度审视教师队伍，主要是从较大区域范围的角度观察区域内思政理论课教师的实际情况，主要看数量、结构、学历、培养体系、梯队建设、培养机制等问题，这些方面的矛盾处理得好的地方，集成创新的基础和前景就比较光明，这些方面的矛盾处理不好，集成创新的基础和前景就需要发挥创造性，努力加以有效解决。

从中观角度审视教师队伍，主要是从一个学校的角度观察学校思政理论课教师的实际情况，除了看数量、结构，也要看本校的培养体系、梯队建设、培养机制等问题，特别要观察学校范围内思政课教师的成长发展问题，创造出一个留得住、愿意干、争着干的环境和氛围，为思政课教师队伍的稳定发展创造出良好的发展空间。

从微观角度审视教师队伍，主要看每一个体的学历背景、优长不足以及发展特点和个人实际。要对教师进行区别化培养，精准式推进，要把教师个体的实际和他能所担负的任务有机统筹，在最大化各自优势的基础上进行集成创新，要把教学和科研方面的某一类难题交给最适合创新的团队或个体，才能实现人才队伍资源开发创造的最大化。

2. 依据教材和学情

依据教材和学情进行集成创新的目的在于保证创新的方向和步骤，脱离教材进行任何形式的创新，思政理论课就有可能变成"鸡汤课"，也会大概率脱离思政教育理论课的本质。比如就"中国近现代史纲要"而言，如果脱离教材进行创新，那么就可能把这门课程当历史课来讲，而忘记了这门课程的本质和核心任务，毕竟这门课不是历史课，而是政治课，是让学生理解"四个选择"等中国近现代历史上几个事关国运的重大问题的一门课程。对"思想道德修养与法律基础"课程而言，如果脱离教材，大概率变成"鸡汤课"，所谓"鸡汤课"就是没有营养价值的课，靠华丽的语言及表演，一味哗众取宠，对学生将会贻害无穷。为此，必须依据教材进行集成创新。同时也要依据学情进行创新，学情是教学创新改革能否正常开展的前提，无视学情创新，大概率事倍功半，出力不讨好，见不到实效，浪费各类资源。比如对于理工科学生和文科学生，不能适用统一的教学模式和教学方法，无论是资源配置还是讲授主要手段，以及任务安排都要体现出学情的实际。反之，所谓的集成创新距离初始目标就会越拉越远。

3. 依据教学反馈

依据教学反馈进行集成创新是一个及时互动，不断调适，争取让教学不断得到进步的过程。所以，教学反馈要确保及时性和长效性，即一方面在较短区间内讲究及时反馈，一方面在较长区间内讲究跟踪反馈。也要确保科学性和合理性，要在尊重思政教育教学基础上进行评价和反馈，反对"一刀切"的评价反馈，反对不顾及实际学科特点的评价反馈。教学反馈也要注意全面性和综合性，确保教学反馈不是单独的片面的评价，要确保学生主体地位，要将专家意见和学生意见以及其他听课老师的意见综合全面、实事求是地反映出来，否则会给教师本人带来不必要的浪费和偏差性引导。

（二）培养教师队伍

术业精专是当好思政课教师的第一条件，但不是唯一条件，因为无论是思政教育教学工作，还是更大范围的思政教育工作，都因为其阶级性、整体性、人民性等特点而要求思政课教师队伍必须厚植家国情怀。没有家国情怀，就做不了合格的思政课教师。为此，思政课教师要在争做"四有"好老师的基础上，更进一步严格要求自己，在培训培育问题上，将"六要"严标准作为自己成长的方向，一定要与祖国同呼吸共命运，与学生心连心，与人民同进退，要做"政治要强"的好教员，坚定信仰，站稳政治立场，保持清醒的政治头脑；要做"情怀要深"的好教员，心系家国，关注民生，向人民群众学习，践行以人民为中心的思想；要做"思维要新"的好教员，坚定理想信念，创新教学主要方式，坚持马克思主义认识论和方法论；要做"视野要广"的好教员，不断加深自己的知识视野、国际视野和历史视野，做理论上的明白人，实践中的引路人；要做"自律要严"的好教员，知行合一，秉持正义，敢于亮剑，传播美好；要做"人格要正"的好教员，用高尚的人格魅力和真理的力量，做好凝聚学生，感染学生和团结学生的工作。

（三）构建教学场域

"场域"概念来源于法国社会学家皮埃尔·布尔迪厄（Pierre Bourdi-eu），"指的就是那种相对自主的空间，那种具有自身法则的小世界"。教学场域作为一个微观环境，其组成者主要包括教师和学生两部分，在此场域中，教师和学生之间，以及学生和学生之间的关系互动及质量决定了教学实效性的高低，若想实现更加令人期待的实效性，则需要就师生之间和学生之间的关系进行集成创新，建构和谐共进的教学场域，促进思政教育教学能够不断满足师生和社会多方面的期待。

1. 教学场域要公平正义

面对学生之间存在相互竞争的现实，思政课教师务必建立公平正义的教学场域，以公平正义凝聚学生和号召学生。自古以来，中国人对社会的认知有一个最基本的法则，那就是"不患寡而患不均"，中国人对公平正义的追求是刻在骨子里的。对于学生而言，在本就存在差异性竞争的条件下，一位老师如果做不到公平正义，那么学生就会出现心理排斥，而如果一个思政课老师如果做不到公平正义，其不但会被学生排斥，更会被学生鄙夷直至无视。目前来说，威胁公平正义的主要表现有：

（1）价值观不正确，以金钱、地位等作为衡量人生价值的标准。有的教师在教学和生活中，自觉不自觉表现出拜金主义，学生发觉或者意识到这个情况之后，就会对教师的形象大跌眼镜，上课时候对这个老师教授的所有内容也就不以为然了。

（2）在评价环节"优亲厚友"，对"关系户"学生格外照顾。如果这个学生本身足够优秀，可能也没有学生说三道四，但这个学生如果没有做出令人信服的成绩，则会在更大范围内影响学生对社会的判断。

上述两种情况，看似是小事，实则在学生心目中是大事，直接决定着师生关系和学生间关系的和谐。长此以往，就会导致人心丧失，学生对教学和上课产生排斥心理，没有任何乐趣可言，当这种认知传染开来，无论当事教师如何有才，也就不会再具有号召力、凝聚力和吸引力了。

2. 教学场域要科学高效

科学高效的教学场域能够确保学生学有所得，确保教师教有所获，师生双方同时得到价值实现。为此，科学高效的场域构建务必做好以下几个方面的工作。一是教材体系到教学体系的成功转化，这种转化的成功能够避免照本宣科，避免全堂灌输，避免单一枯燥的讲授，能够将教学重点、难点和教学目标与时代相结合，与学生相结合，与国情相结合，从而使得学生身临其境，感同身受，自觉与祖国人民同呼吸共命运，自觉将人生价值的实现与国家人民的富强幸福有机结合在一起。二是教师要尊重学生成长规律和教育教学基本规律，辅之以特殊事情特殊处理，应用科学合理的方法路径为实现思政教育的目的而努力。三是教师要把握思政教育的特征，学会灵活应用思政教育方法，完成思政教育的主要任务。依据学科特点，坚持诸多方法的灵活应用，是建构科学高效教学场域的基本要求。只有如此，才能确保师生"乐"在其中。

3. 教学场域要有危机管控措施

教学场域作为一个密闭狭窄空间，由于师生之间、学生之间的交流互动而构成一个交往共同体。作为教师，必须做好场域管控，否则会给多方带来不必要的损失。其中突发性危机事件最为考验思政课教师的教学场域管控和创新能力。为此，合理利用场域内突发事件，进行积极转化，避免消极共振，能够在"谈笑间"给学生以巨大的心理震撼，从而达到思政教育特别强调的立德树人效果。教育是一种技术，更是一种艺术，教育工作兼具技术性和艺术性。比如学生在课堂玩手机早已司空见惯，很多学校为了杜绝这一现象，采用非常之法，课前收缴集中者有之，不准带入课堂者有之，严厉处罚者亦有之。笔者对此类方法并不认同。为了提高抬头率而强制学生不带手机或者收缴手机，易印发矛盾冲突，破坏师生关系，正确的做法是主张对玩手机者进行积极正面引导，帮助他们走到认真自觉听课的路上来。科学高效的教学场域建构能够确保师生"乐"在其中，能够有效促进师生关系良性循环。

（四）正确取舍教学内容

思政教育学科的教学内容涉及庞杂宏大，自然科学、哲学社会科学多少都有所涉及，这需要大智慧——懂得取舍。比如《大国工匠》纪录片是一部非常好的思政教育素材，其中内容理工科知识非常普遍，那么，应该如何将这个素材与课堂教学紧密联系，与教学目标有机融入，则考验思政课教师的取舍整合能力。为此，需要做到以下两个方面。

1. 扩大思政教师的视野

思政课教师必须"视野要广"，上知天文下知地理，左眼观国内，右眼察世界，心中装人民。理工农医方面的知识必须了解一些，利用当前智能手机平台，各类公众号都需要关注一下，特别是科技前沿的问题，人类社会在科学领域取得重大突破的新闻，都要了解一些，如果学生问到了，至少不说外行话，即使掌握得不精确，但也要做到不犯错误，没有胡说的程度。对文学、语言、管理、经济类的知识则尽量做到能够与学生对话的程度。对于哲学、历史、教育学、心理学等与思政教育密切联系的学科，则必须做到精通的程度，否则真就无法应对教学内容越来越丰富，教学要求越来越高的现实了。

2. 教学内容去粗取精

如前所述，思政教育教学的内容涉及面广，知识体量很大，有限的教学时间之中，难以完成所有教学内容，为此需要去粗取精，将教材体系转化为教学体系。其中涉及内容取舍的问题，则要注意以下几个方面。第一是取舍原则，重点内容坚决讲深讲透，与核心目标具有较高支持度和关联度的内容不能丢弃。第二，取舍不是简单的减法，而是综合应用之法，即将教材中的内容根据授课习惯和厘定的逻辑，重新进行排列组合，该粗则粗讲，该细则细讲，不能随心所欲丢掉和舍弃，注重最大化充分利用其中的素材，注意各部分内容的衔接。第三，要在有限的教学时间中完成规定的教学内容，不能只讲一半或重点讲某一部分。受制于教育背景和教学能力，思政课教师对教学内容一定要在原则指导下，灵活处理，对于自己不熟悉的领域要督促学习，该补课的地方要补课，坚持活到老学到老，杜绝一本教案用到底，一个案例一辈子。需要根据变化了教材和时代，要根据变化了学情和矛盾，有针对性地学习，扩大知识面地学习，加强知识储备的宽度和深度，真正做到学为人师，行为世范。

（五）综合运用教学方法

1. 选择合理的教学方法

选取教学方法的原则一是根据教学内容选择教学方法，有些内容适合感染教育的方法，比如理想信念的问题，如果将先进人物和榜样的光辉事迹采用多种艺术化的表达方式，那么就会更容易感染人。每年岁末年初的《感动中国》栏目就是一种很好的实践。当然，限于时间地点和条件，有些内容无法充分展示，也可以结合其他方法进行教学。二是根据教育对象选择教学方法。本专科学生学情不一样，理工科学生和文科类学生的学情也不一致，西部地区学生和东部地区学生的学情也有差异，根据教学对象不一致，在讲授过程中，既需要全面观照特殊性，也要保证一般性。三是根据具体目标任务和内容的不同选择教学方法，做到灵活应用和综合使用有效的教学方法，尽量不采用"一刀切"的简单化的教学方法，该使用比较教育法的时候用比较教育法，该使用激励教育法的时候使用激励教育法，要根据时代要求和学生期待使用合宜的教育教学方法。

2. 提高教师的信息化能力

在网络信息时代，当前部分思政课教师信息搜集处理和判断应用能力较弱，意愿不强，很难适应"学生走到哪里，思政教育就要跟进到哪里"

的时代要求。拿网络思政教育理念和方法而言，部分老师虽然知道学生都在网络空间，但事实上迫于自己没有信息跟进和观点表达能力，也就无从做到引导和教育。如此一来，小课堂的教育教学成效难以体现，毕竟不是每个学生都能在一节课之内就能消化和吸收，何况思政教育还是一种润物无声的集合理论与实践案例、知行合一的教育。为此，思政课教师需要不断提高信息交流的素养和能力，以便于在课下课外吸收最新的理论成果，与时代同节拍，与学生同视角，将小课堂与大社会有机联系起来，促进课堂教学生命力不断获得延伸和成长

（六）考核反馈教学效果

做好教学效果的考核反馈是促进思政课教学实效性的必然举措。科学合理的考核反馈能够起到导向作用、鉴定作用、激励作用、选拔作用和咨询作用。不科学、违背规律的考核反馈既不利于教师成长，也不利于学科发展，更会损害课堂教学，出现多输的局面。为此，做到科学合理的考核反馈，既是做好集成创新的前提条件，也是集成创新的题中应有之意。

1. 注重学生评价

教学是师生双方互动的，集合知识性、传承性、创造性等于一体的实践互动，因此对于教师教学活动的评价，必须以学生为核心，在考核权重方面予以倾斜。当前有些学校对教师的教学评价非常注重专家考核，专家听课的权重明显高于学生的评价权重（此种做法的初衷是担心教师"贿赂"学生，但其错误在于忘记了学生是教学实践过程中的利益相关者，"每个学生都是一个独立的人"，教学的"良知和公正，必然会存在于社会的公众之中和悠长的历史之中"，没有哪位学生会对不负责任的教师产生好感的，因为不负责任的教师损害了他们的利益）。在专家考核反馈中，细分评价指标，对教学过程性指标权重予以细化和重视，强制要求教师对整个教学过程进行留痕操作，教师疲于应付这些书面材料，有些教师甚至不得不造假应付。反之，学生的评价考核只有印象分（总体分），没有专项评价分，权重很低。这种考核无视教学的主体感受，既做不到对教师的尊重，也做不到对学生的尊重，有违教学规律，过于强调第三方的所谓客观评价，无疑是不科学也是不合理的。

2. 尊重思政理论课的特殊性

当前部分学校对思政理论课教学的考核评价采取"一刀切"考核反馈，也就是无视思政教育学科的特殊性，将其与知识性学习为主的专业课程拉在一起考核评定，这种考核无疑是不科学的，也矮化了思政教育学科的社会价值和存在意义。"一刀切"的主要做法是考核指标及权重的一致性，使用何种教材作为一项考核指标，当前思政理论公共课统一采用"马工程"通用教材，但在考核专家的打分表上，被考核对象的这一项分数各不一致，让人啼笑皆非。考核专家组成也在部分学校存在"一刀切"的现象，文理科专家混编成组，这种"一刀切"对任何一门学科都是不公平的。为此，如果要做到集成创新，必须在考核反馈环节做到特殊性和一般性的有机结合，不能仅仅从一般性出发，不考虑思政教育学科的特殊性。针对考核反馈，教务处、学生处、马克思主义学院等要协同配合，将考核力量最大化，组成专业考核团队，与学生一起进行考核反馈，抓常态化，抓制度化，抓根本，抓立场，而不仅仅是一些细枝末节的督查，而是在考核指标和权重问题上，从课堂出发，以学生为主，围绕课堂教学进行考核，如此才能真实反映出一位思政课教师的真实教学水平。

七、思政教育评价体系

评价体系作为一个整体意义上的反馈过程，不同于课堂教学反馈和评价。如果课堂教学反馈和评价属于微观评价，那么评价体系意义上评价则是宏观评价。这种宏观评价同样事关思政课教师的获得感和成就感，事关思政课教师队伍整体能否实现可持续发展壮大，事关思政教育（工作）能否为中华民族伟大复兴持续贡献积极的能量。因此，做好评价体系的集成创新工作，事关思政教育集成创新的"最后一公里"，其重要性不言而喻。

（一）教育教学评价类型

1. 社会机构评价

当前社会机构的评价在网络上备受关注，每年发布之后，都会在网上网下引起巨大波动。这些社会机构本身在网络上具有较大的曝光度，它们的评价成果以各个学校及所属学科在过去一定时间（三个月、半年、一年、两年不等）内取得的成绩（公开成果为主）为主，形成指标大类并加权得分而成。当前具有较大社会影响力的评价有武书连中国大学排行榜、软科大学排名、瑞路大学排名、QS 世界大学排名、校友会大学排名、泰晤士高等教育世界大学排名、世界大学学术排名等。这些排名机构无一例外来自民间。多年来伴随网络信息时代的到来，给社会造成了巨大的影响。一方面，对社会公众而言，每年高考结束后填报志愿，各个排行榜都成为考生和家长检索的重要对象，也成为街头巷尾人们议论的主要话题。左邻右舍、亲戚朋友谁家的孩子考进什么排名的学校，都已经成为主要的谈资。考取排名靠前者，骄傲之情油然而生，考取排名靠后者，或默默不语，或无话可说。总而言之，排行榜带给家长、考生、旁人乃至全社会的影响，已经远远超出了排行榜本身。另一方面，对学校及所属学科而言，每当排名结果出来后，都会对学校负责人、学院（学科）负责人、学校教师及学生形成或多或少的影响，少有波澜不惊者，因为客观上已经形成了重大的社会影响。例如：其一是关系到学校的社会声誉，其二是关系到学校下一年度招生计划，其三是关系到负责人自身在上级领导心中的地位，其四是关系到教师自身的职业进阶。由此可见，无论是对人民群众，还是对当事方，社会评价机构的排行本身造成的深刻影响已然显而易见，没有人能够左右这种趋势的继续发展和加强。

2. 主管部门评价

学科排行和学校排名除了社会评价之外，教育主管部门的评价被各个学校更为看重，成为工作成绩的主要衡量指标。目前，教育部门的评价主要以教育部普通高等学校本科教育教学评估专家委员会的本科教学评估为主。进入新世纪以来，随着越来越多的学校升格为本科学校，由此机构进行的官方评估成为各学校检验工作成绩的权威依据。2021 年 1 月 21 日，教育部发布了最新一轮的《普通高等学校本科教育教学审核评估实施方案（2021-2025 年）》（教督〔2021〕1 号）。除此之外，教育部下放给省、自治区、直辖市、新疆生产建设兵团教育主管部门的普通高等院校高专院校评估权，要求各地五年为一轮，认真组织开展辖区内普通高等院校高专院校人才培养工作水平评估。教育部为了保证评估的真实有效，每年都将抽查部分省级教育行政部门的评估工作，并在系统内公布抽查情况。上述两类评价是目前各学校最为重视的一项工作，每一次评估结束之后，都会将评估结果作为本校、本学科开拓新局面的重要参考。因为这类评估是现场评估，面对面检查调研和座谈的结果，选取的指标虽然和社会评价机构选取的指标有相同相似之处，但权重不同，评价角度不同，结果也就自然不同。这种现场评估不同于社会评价机构仅仅从社会公开信息中选取指标进行的评估。由于更加关系到学校工作成绩的评价，因此，也被各个学校作为定位自身地位更加权威的参考标准。

3. 办学单位自主评价

在国家大力提倡办好本专科教育的号召下，各个高等学校统一思想认识，重点抓课堂，抓教师，抓学生，在职称评定、奖励先进等方面，侧重教育教学在评价体系中的分量，也分别设置教学为主型、教学科研型、科研为主型、社会服务为主型的职称评定晋升制度。在此类制度有效促进下，自主评价常态化已经非常普遍。课程调研、教师技能竞赛等工作成为各学校教务部门的核心工作。评价结果也成为考核教师的主要标准。有些学校在职称晋升中，其自主评价结果的权重甚至高于上级教育主管部门或者学科全国委员会评价结果的权重。从这些常态化的评价中可以看到，抓课堂是大方向，抓课堂教学质量是核心任务，要求素质高能力强的老师充实一线教学已经成为共识。

上述几类评价及其结果一方面显示了评价体系的多元和独立，另一方面也显示了评价体系众出多门。追求科学公正的评价是一种愿景，但现实当中往往事与愿违，如果评价不当，则会对任何一个学科和学校造成伤害。鉴于思政教育的特殊性，如果评价不当，伤害的程度则会更严重。

（二）不当评价造成的影响

1. 评价主体多元庞杂造成的影响

评价主体多元庞杂已经是不争的事实。多元庞杂的评价结果造成的影响正反两方面都存在。有益的方面在于多元评价能够给人更多的参照，有利于各个学校及其所属领导班子、教师队伍、学院班子对自身形成比较中肯的定位，激励自己力争上游，同行之间形成你追我赶的良性竞争。不利的一面在于缺乏权威性，没有说服力，特别是评价结果在不同排行榜上差异较大的学校和学科，无论对于社会还是当事主体，均是一种不利的存在，容易引起误会乃至认识上的混乱，不但无助于学校进步和学科发展，反而带来无谓的损失。特别对普通大众而言，并不知晓评价指标和权重等具体细节问题，所以也会给他们带来认知的混乱，影响社会大众的判断，在一定程度上不利于鼓励先进，这对社会大众和任何一个办学主体都是不公平的。

2. 评价指标选取标准不一造成的影响

无论是社会评价还是官方组织的评估，主要分成学校整体水平评价和学科水平评价两部分，选取的评价指标及各部分所占权重各有差异。比如有些排行榜将论文指标，特别是以 SCI 等所谓国际通行权威期刊的权重设置较高，发表一篇累计多少分数，如果某个学校（及其所属学科）发表的论文数量较多，那么分值自然较高。有些学校将毕业生就业质量的权重设置较高，应用型大学的分值显然高于基础型大学的位次。有些排行将教育教学的权重设置较高，那么经常积极参加各类、各级别教学比赛的学校的成绩就会比较突出。由此可见，评价指标及其权重设置不一致，导致评价结果不一致，这也就存在不科学不合理的地方。比如有些学校评价结果整体排名在全国居后，但并不代表这所学校所有学科的教学科研水平居后，很多排名靠后的学校，因为有特色学科而在全国占有一席之地，但因为学校整体评价结果靠后的原因，导致这类特色学科遭遇不公。同时，人民群众看待社会评价不看细节，只看结果，如此因为整体映像发生偏差而导致认知不足、认知偏差、认知困惑，也会给正常的教育教学造成损害，影响既定的学科规划和发展方向。

3. 评价目的不明确造成的影响

各类排行榜进行学校和学科的排行，目的何在？似乎谁都知道，但似乎谁也不知道。教育部组织的教学评估比较明确，旨在督促学校巩固和提高教学质量，达到规范办学、科学办学、为党育人、为国育才的目的。但各类社会评价的目的是什么？这些民间机构在各个学校并没有主动要求进行排名的前提下，为什么多年来热衷于此，每隔一段时间就要发布排名结果呢？他们对各个大学及专业进行排名的意义何在？确实让教育主管部门和办学主体丈二和尚摸不着头脑。也难怪有些网民议论社会性评价就是一门生意。换言之，社会评价机构通过主动发布排行榜，吸引看重排行的学校重视评价结果，如果有些办学主体非常重视由此造成的影响，就会以提升学校排名的需要，主动对接这些机构，通过双方的一些交流合作，达到提升学校排名的目的。没有人在这个过程中违法乱纪，但事实是人为造成了一种资源浪费，这种社会性评价带来的后果可以说是一种正当性错误。因此，针对近年来愈演愈烈的社会排行和评价，批评之声不绝于耳。也有些学校并不关心这类评价，安心做好自己的事情。总而言之，混乱无序和权重不一的评价确实造成了社会资源的浪费。

（三）教育教学评价的规范与整合的措施

1. 根据既定规划有效促进发展

面对五花八门的评价体系和评价指标，思政教育集成创新目标的实现，思想认识上需要有所为有所不为，不为乱花迷人眼，保持定力，做好思政教育的分内之事，抓主业，牵红线，立德树人，培养合格的社会主义建设者和接班人。比如，有些排行榜在师资队伍这个指标上，除了看重学历、背景、年龄等基本因素，还看重海外学习背景，将海外学习背景作为一个次级指标予以加权计算。可能在有些评价机构印象中，有海外学习背景的教师更显示所在学院（科研机构）的吸引力、知名度等。但思政教育学科乃至马克思主义理论专业的教师，如果生搬硬套这个指标，恐怕会犯刻舟求剑的错误。当然，不否认海外学习背景有助于扩大知识面，有助于增强学科的社会影响力，但终究不是充分必要条件，因为，该学科的阶级性和社会性已经决定了，思政教育必须是站在中国大地上的一门学问，任何企图拿西方社会的标准判断中国一切的企图都必将陷入机械主义或者本本主义的泥潭。自从中国共产党成立以来，中国革命和建设正反两方面的经验教训已经揭示了这么一个真理。

2. 正确认知思政教育评价体系

在以本为本的大趋势下，各高等学校积极抓课堂教学是学生幸事，国家所期，家长所盼。但部分学校教务部门在提升课堂教学质量方面，照猫画虎，照抄照搬，无视教育教学是一般性和特殊性相结合的一项工作，拿着一条尺子画线，拿着一个标准要求学校所有的老师，评价体系无视学科特点。这样的现象不仅存在于思政教育学科中，也存在于其他学科中。

比较常见的现象，就学校而言，工科类普通高等院校的教务部门往往不尊重哲学社会科学的基本规律，拿工科标准评价文科专业老师的教学水平。而文科为主的普通高等院校，对理工类学科的认识也存在偏差。看似积极行动的背后，实则伤害了老师们投入课堂教学及改革的积极性。

就具体教学而言，思政理论课是爱国主义教育课，也是意识形态安全教育课，还是公民道德修养和法治素养提升课，教材所设计的内容及内容之间的关系是密不可分的，整体性是思政理论课的鲜明特点。所以，在一堂课上，很难做到理工类学科那样的知识点聚焦化教学。换言之，学生在思政理论课上听到的知识点不一定就是专门针对某一个或某一类问题的，往往具有综合性和整体性，也不一定就能立即发挥什么价值和作用，可谓看似无用而有用，看似无形而有形。在此情况下，思政课教师如果在教学设计上将教学目标碎片化、单一化乃至割裂化，显然不符合思政理论课的学科特点，也不符合这门课的教育教学规律。但非常残酷的现实是，很多学校的教务部门在检查评比中，必须要求有所量化，有所体现，甚至细化到必须说明考试题中的某一个题的考核目标。更不用说，有些教务部门严格要求教师将学生的成绩正态分布，人为制造学业差距，完全无视学生的成长发展规律。

鉴于上述不符合现实和科学规律的事情始终存在，思政教育集成创新的前提条件必须引导和规范教务部门顺应时代大势，尊重学科特点和规律，与教育职能部门、马克思主义学院以及教师一同就思政教育教学评价体系问题进行统一规范，并将统一衡量标准和权重问题一同有效解决，以便各高等学校的思政教育工作能够形成最大合力。

3. 根据国家相关文件规定统一衡量标准

鉴于当前各类评价多元庞杂，给思政教育教学及科研实践造成的困惑，有必要由教育部相关职能部门牵头，全国重点马克思主义学院及拥有马克思主义理论本科专业的相关学校组成联合评价小组，就思政教育教学科研的评价体系进行集成创新。依据相关文件，从评价体系的内容角度而言，需要厘定评价原则，制定评价标准，设计评价方法，探讨评价路径，核定评价内容，确定评价指标及权重。从评价体系的层次而言，要区分办学层次（专科、本科、硕士、博士各个层次均需要制定相应的评价体系），区分评价等级，区分评价类型（既要区分学校所处地域的类型，也要区分学校建设类型，还要区分学校层次类型），划分评价对象。从评价体系的纵横方向而言，既要进行横向比较，也要进行纵向评价。从评价体系的权威性而言，要将教育部本专科教育教学评估工作和思政教育专业性评价相结合，不能各自为政，各宗其脉。"评价不是目的，而只是实现目的的手段，不是为了评价而评价，必须紧抓提高教学质量这一目的，为了实现这一目的"，必须将思政教育的评价体系有机统一起来，防止因为评价系出多门引起社会对我国思政教育教学建设实践的认知混乱和困惑。

第三节　思政教育育人体系构建

一、课程育人与实践育人

　　课程是对教学目标、内容、活动方式、时间进程的总体设计和规划，是完成教学内容，切实贯彻立德树人根本任务的重要载体。统筹推进课程育人，就是要把课程看作是育人工作的中心环节，紧紧围绕立德树人的根本任务和全国普通高等院校"双一流"建设的目标，着力推进课程建设，不断提高课程育人的效果。

　　实践育人是马克思主义认识论的必然要求。具体来讲，就是做好如下工作：一是要坚持知行相统一、理论和实践相结合，不断增强实践育人的意识，深入推进实验实践教学改革，整合校内外资源，积极搭建实践育人的平台，努力打造实践育人精品项目，不断培育实践育人的品牌，让社会实践成为生动活泼、行之有效的教育教学形式，进一步凸显实践育人的价值。二是进一步加强创新创业教育实践，不断夯实实践育人的质量。青年学生精力充沛，思维敏捷，不因循守旧，创新创业意识强烈，因此要不断推进创新创业课程建设，鼓励和支持青年学生积极参与创新创业实践，通过"挑战杯""双创赛"等活动，教育和引导广大青年学生正确认识创新创业的艰难，收获创新创业的乐趣，坚定创新创业的意志，不断提升青年学生的实际工作能力。三是要积极鼓励学生参加暑期"三下乡"活动和青年志愿服务活动。只有深入农村社区、工矿企业才能全面了解中国社会的国情民意，才能深刻认识、正确评价党和国家提出的"脱贫攻坚""乡村振兴""西部开发""东北振兴"等战略方针政策的重大意义和现实价值，才能真正起到"受教育、长才干、做贡献"的作用和效果。

二、科研育人与组织育人

科学研究是高等院校五大职能之一，也是普通高等院校师生服务国家和地方经济社会发展的主要途径之一。当前要发挥普通高等院校科研育人的优势，应做好以下几个方面。一是要进一步弘扬高等院校"崇尚学术、追求卓越"的学术科研理想，不断激励广大师生科研救国、科研报国、科研强国的爱国热情。二是要加强科研队伍建设，打造一批高水平的科研团队，打通科研与教学之间的盲点、难点。三是要不断提升科学研究的能力与科研管理的水平，强化学术道德评价和科研诚信约束机制，实现在科研实践中用科研精神育人的目的。四是要加强科研合作，通过不断健全和完善校企合作、校地合作、校校合作以及国际合作交流机制，不断搭建育人的平台与产学研相结合的综合基地，为学生的成长成才提供更多的机会和更大的空间。五是要把问题导向和"以人民为中心"的价值引领，始终贯穿于科研项目的选题设计、立项研究、成果转化与应用的全过程，始终做到科学研究无国界，但科学家有祖国，不断培育和践行学生的人民科研立场。

强化普通高等院校党建引领作用，把党的组织建设与普通高等院校的育人工作相结合，通过发挥广大师生员工的党员先锋模范作用，提高人才培养的质量与水平。要积极优化组织育人，一是要明确党委领导下的校长负责制，有效促进学校各级党的组织，自觉担负起管党治党、办学治校、育人育才的主体作用，充分发挥党在人才培养中的组织保障功能。二是加强党对普通高等院校意识形态工作的领导，强化马克思主义学院建设和思政理论课建设，不断提高思政教育的实效性。三是通过开展党支部书记"双带头人"培育工程、普通高等院校基层党建"对标争先"计划以及党的基层组织标准化建设等活动，引导广大党员干部在组织育人中发挥先锋模范作用。四是通过党的组织建设，发挥工会、妇联、共青团以及学生会的育人纽带作用，在党的领导下形成各级各类群团组织协同育人的合力。

三、文化育人与网络育人

深入推进文化育人，一是要强化对大学生的理想信念教育，积极培育和践行社会主义核心价值观，把社会主义核心价值体系融入教育教学的全过程，不断凝聚社会共识，提高广大学生的思想道德水平。二是要建好主阵地，唱响主旋律，牢牢掌握普通高等院校意识形态的领导权，防止各种错误思潮和西方敌对势力对我国普通高等院校的渗透。三是要大力弘扬和传承中华优秀传统文化。我国有上下五千年历史，积累和沉淀了浩瀚的传统文化的精华，实现文化育人就是要充分发挥文化在人才培养中的浸润与熏陶作用。四是要深入挖掘红色文化的育人内涵，构建红色文化资源涵养初心、使命的长效机制，不断促进红色文化的传承与创新发展。五是要大力发展校园文化建设，通过创建校园文化品牌，不断彰显校史、校风、校训、校歌所蕴含的育人价值，充分发挥校史、校风、校歌的育人功能，不断增强学生的自豪感和自信心。

互联网为社会公众提供了生产、工作、生活的便捷，已经成为人们日常生活的一部分。同时，互联网也是教育教学的重要平台和主要阵地。互联网在造福人民生活的同时，带来了发展中的一些问题。网络空间生态是朗朗晴天，还是充满欺诈、恐怖、色情和暴力事关群众利益与国家安全。青年学生是网络空间的主要人群，因此开展网络思政教育，创新有效促进网络育人是各级各类学校应尽的责任。创新网络育人工作，具体来讲：一是要强化网络意识，统筹规划学校网络建设与网络管理，不断提高网络管理、网络使用与网络治理的能力与水平，形成良好的网络育人生态环境，使互联网成为弘扬社会主义核心价值观，传播社会正能量的工作平台和育人阵地。二是要创新有效促进网络人才培养工作，不拘一格培养计算机、互联网信息、通信技术等方面的研发人员、运营人员与网络信息管理人员。三是要有组织地开展网上思政教育工作。通过建设在线课程和开展网络文化活动以及优秀网络作品展播，有效促进思政教育工作与互联网信息技术的深度融合。鼓励专家、学者、教学名师、辅导员、班主任积极参与网络育人，提升广大学生的网络文化素养，培养一批网络思政教育的精品项目。四是要通过开展红色文化资源数据库建设与优秀文化遗产数字化抢救与保护，弘扬和传播中华优秀传统文化与社会主义先进文化。五是要进一步加强智慧校园建设与普通高等院校融媒体建设，为普通高等院校人才培养提供更为完善的信息化平台支持。

四、心理育人与服务育人

个体健康包括了生理健康和心理健康。现代社会随着运行速度的加快，社会生活的不确定性越来越明显，再加上激烈的竞争所造成的工作、生活、学习上的压力，会使得社会成员在不同程度上产生一定的心理紧张，如果这种心理紧张不能被很好地缓解，就会使极少数个体出现心理上的过度焦虑、抑郁，甚至是心理错乱与变态的情况。在普通高等院校的育人过程中，也时常会出现极少数的个体心理出现不正常的情况。因此，要把育人、育德和育心相结合，不断提高大学生的身心健康水平。在高等院校大力促进心理育人，一是要把心理健康纳入课程教学体系，实现心理健康知识教育的全面覆盖，使每个学生掌握必要的心理知识，具备一定自我心理调节能力。二是要加强心理教育的师资队伍建设，并根据学生数量的多少，配备一定的心理健康教育专业师资，定期对学生开展心理教育讲座和专业的心理咨询服务活动。三是要建立普通高等院校大学生心理预防体系，通过对学生的入学心理筛查，有针对性地开展心理卫生健康教育和心理咨询服务活动。四是开展心理治疗，形成科学的心理干预机制。对单亲家庭子女、贫困家庭子女、肢体残疾等特殊学生群体开展针对性的心理辅导服务，帮助他们增强克服困难的信心和勇气。同时，针对有一定心理阴影或心理疾病的学生积极进行心理干预，鼓励他们及时接受专业的心理理疗和必要的医学治疗。五是把心理教育与德育、美育、体育和文娱活动紧密结合起来，通过健康有益、形式多样的教育教学及文化体育娱乐活动，帮助受教育者缓解心理紧张，养成积极乐观、奋发向上的人生态度。

服务育人就是在不断提高服务质量的过程中，融入育人的元素，让人感受服务的温暖，体验劳动的价值，明白做人做事的道理。不断深化服务育人，就是要充分发挥学校后勤保障、图书资料、医疗卫生、安全保卫等服务性部门单位的育人功能。通过供给侧改革，向学生提供针对性的暖心服务，在关心人、帮助人、服务人，为他人有效解决实际问题和切实困难的过程中实现教育人、引导人的功能。不断深化服务育人，一是要明确梳理各级各类服务岗位的育人职责与育人功能。通过育人效果评价，确定服务岗位的效能。二是通过提升服务能力，增强服务供给水平，优化服务流程，让师生在学科建设、课堂教学、科研申报、财务报销、出国留学、后勤服务、实验实习、档案管理等各项活动服务中，体验和感受服务的及时、专业与高效，温暖、贴心与尊重。三是积极鼓励学生参加一定的公益服务岗，培养学生的服务意识和服务精神，养成热爱劳动、乐群好生的健康心理与习惯。四是加强学校服务部门和服务体系建设，充分发挥服务的"窗口"作用，通过补齐服务短板，提升学校育人的保障功能。

五、管理育人与资助育人

在推进学校管理科学化、制度化的同时，强化学校管理育人的功能。一是要做到管理服务师生、管理尊重学术、管理依法进行，不断提升管理服务水平，通过人性化管理提升育人的效能。二是要健全管理育人的制度体系，严把教师的入口关、考核关和人才引进关，加大对违反党纪国法、师德师风和学术不端行为的查处力度，把育人功能纳入考核范围，将管理育人的软指标变为硬约束，杜绝产生管理育人的负面效应。三是根据好干部的标准选人用人，选优配强各级领导班子，把能干事、想干事的教学科研骨干分子选拔到领导岗位上，发挥干部管理的导向功能，形成风清气正的育人环境。四是为学生提供一定的志愿服务、勤工俭学、实习实践等管理岗位，在言传身教、潜移默化当中提升学生的自我约束与自我管理能力，增强育人的协调性。五是开展多种途径的奖优评先活动，大力开展师德师风方面的宣传，通过培育和设立"黄大年"式的教学科研团队、"共产党员先锋模范岗"以及"管理育人示范岗"，充分发挥先锋模范人物的示范带动作用，用他们的实际行动教育和引导学生树立正确的人生观、价值观。

近年来，我国的经济社会建设取得了前所未有的成就，但由于发展的不平衡、不充分，部分地区尤其是中西部地区的个别地方，还存在着居民家庭经济比较困难的情况，部分孩子的上学费用仍然是其家庭沉重的负担。因此，要全面推进资助育人。一是要加强学生资助工作的顶层设计，健全和完善国家资助、学校奖助、社会捐助、个人资助的可持续发展资助体系，不断完善和规范资助管理制度，确保资助资金精准到人。二是在"扶贫救困"的同时，"扶智""扶志"，构建物质帮助与道德浸润、能力拓展、晋升激励相结合的长效资助育人机制，着力培养学生的自尊心、自立心、感恩心和艰苦奋斗的精神。三是要做好大学生勤工助学工作的管理，鼓励本科生、研究生积极参与学校的助研、助教、助管及辅导员工作岗位，引导学生通过校园服务，获得帮助，并通过教学科研和管理实践培养兴趣、开拓视野，提升工作能力。四是积极筹措社会资金，通过社会捐助和设立奖学基金，帮助困难家庭孩子解围脱困、完成学业，助力其实现人生梦想，为国家培养更多的有用人才。

第四节　"大思政"与课程思政

一、"大思政"

（一）"大思政"的内涵

随着新世纪思政教育理论与实践的发展，社会各界对思政理论课的认识有了飞速的发展。"大思政"作为一种思政教育的范式逐渐被提出，学术界对"大思政"的研究、解析和探讨也日渐增多。但何为"大思政"至今还未有一致的定论。因此，这既是一个关于思政教育的历史课题，又是一个与时俱进的现实课题，随着时代潮流的变革"大思政"不断被赋予新的时代内涵。我们认为：大者全也，大者广也，大者厚也，大者壮也，大者宽也。因此，所谓"大思政"作为以人为中心的教育观，全方位、立体化的思政工作的格局和普通高等院校思政教育工作的应然状态，它应该是一种"要素全、覆盖广、内容厚、力道足、口径宽"的思政教育模式，它能够起到全方位、全过程、全员育人的高质量育人效果。

首先，"大思政"是一种全要素育人模式。"大思政"就是要把一切要素调动起来，织就思政教育的"一张网"，形成合力育人的"一盘棋"，传递社会主义价值的"一种声音"，让学生知道社会需要什么样的人，我们倡导什么样的价值观，个人应走出什么样的奋斗路。普通高等院校思政教育要实现全要素育人，首先是要实现全员育人，广泛调动各个育人主体的积极性、主动性，充分发挥普通高等院校全体教职工的育人作用，彰显普通高等院校每一项工作的育人功能。当然，全员育人需要根据普通高等院校内部教学、管理、服务等不同部门，各自的工作属性、工作内容和职权范围，在分工负责的前提下，围绕共同的育人目标而开展协作育人活动。所以，全员育人并不是要求每个人都脱离自己的实际岗位，为育人而育人，而是要在立德树人根本任务的指引下，立足本职岗位进行教书育人、管理育人和服务育人，使普通高等院校思政工作同向同行、同频共振、同心同力，守好一段渠，种好责任田。

其次，"大思政"是一种覆盖广泛的育人体系。和以往相比，我们倡导的"大思政"，从受教育者来讲，它覆盖了各级各类学校的全体学生，不仅包括了大中小各阶段的全体学生，而且也包括了本科、硕士、博士各层次的专门人才。同时，"大思政"还覆盖了学校的全体教职员工，实现了教育者先受教育，让有信仰的人讲信仰。从内容上来讲，"大思政"还覆盖了马克思主义理论教学、社会实践教学、情感体验教学，实现了理论教学的系统性、实践教学的鲜活性、红色文化的传承性与传统文化的优越性之间的协调统一。除此之外，思政教育的主体还包括了党政领导干部、专家学者、优秀企业家、时代楷模、百姓宣讲员等五支队伍，他们可以走进普通高等院校，结合自己的工作实际，现身说法，用更加生动活泼的语言方式宣讲党的路线、方针政策，开展思政教育工作。

再次，"大思政"是一种教学内容深厚的思政教育模式。从理论教学来讲，它既包括了完整的马克思主义原理，又包括了中国化的马克思主义理论体系，其思想历史背景既蕴含了欧洲文明的内容，也包含了中国文化的精华，因此要全面掌握思政教育的内容，就要深入理解其背后深邃的思想文化意蕴。从实践教学来讲，亿万中国人民已经书写和正在书写的时代篇章，都是鲜活的思政理论课素材，要想正确把握社会主义建设的规律，改革开放的规律和人类社会历史进步的规律，就要学会读无字书，善于观察和体验生活，处处留心皆学问，从人民群众波澜壮阔的社会实践中增长服务社会的才干，把个人的成长与祖国的命运紧密结合在一起。

最后，"大思政"是一种口径宽、力道足的思政教育模式。普通高等院校思政理论课要成为大学生真心喜爱、终身受益、毕生难忘的课程，就必须以透彻深刻的理论征服人，以扣人心弦的故事吸引人，以波澜广阔的画面震撼人，以坚韧不拔的精神鼓舞人，以积极向善的心态带动人，以润物无声的情感感染人。所以，普通高等院校思政理论课的教学素材的选取必须宽口径、严要求，保证选取的教学案例能够具有典型性和冲击力，能够从根本上对人的思想和行为产生影响，形成共鸣，从而起到教育人和引导人的作用。

（二）"大思政"的基本特征

"大思政"具有开放性、包容性、全面性、系统性、融合性等特征。

开放性是指思政教育的内容是一个开放而非闭合的系统。思政教育的内容在强调其针对大学生思想实际，有效解决学生思想困惑的同时，要紧跟时代步伐，不断赋予思政教育时代的内涵，使思政教育能够借鉴和吸收社会进步的最新文明成果，从而保证人才培养的前瞻性。

包容性是指在思政教育系统中能够实现各主体要素之间的相互配合与协调，形成多元主体间的和谐关系；能够实现教育者和受教育者之间的相互配合，形成教学相长的和谐关系；能够实现教育者以及受教育者与环境之间的双向互动，形成相互依存、相互促进的和谐关系。

全面性是指思政教育参与人员的广泛性，使用方法的多样性，授教内容的丰富性。近年来提倡的"大思政"教育模式中的教育者已经远远超越了传统意义上的思政理论课教师，不但包含了校内的管理人员、教辅人员以及后勤服务人员，同时还包括了能够走入课堂，开展思政教育活动的社会贤达、知名人士、党政干部、英雄模范人物等。同时从思政教育使用的方法来讲，随着信息网络技术的发展，现代化的方法手段层出不穷，思政理论课教师能够选择的现代方法也越来越多，甚至会出现因方法选择不当遮蔽教学内容的情况。同时，由于在"大思政"教育模式中，授教主体的广泛性决定了授教内容的丰富性。每一个教育者因其经历不同，岗位不同，所以他所提供的教学内容具有很大的差别性，这在一定程度上来讲，丰富了思政教育的内容，使思政教育的内容覆盖的范围更广泛，所涉及的社会领域更全面。

惯常情况下，系统性是指在一个层次结构比较清晰的整体当中，不同阶位的构成要素处于不同的层级，同一层级的要素之间以及上下层级之间具有清晰明了的构成结构与运行逻辑。因此，思政教育学科、专业、课程之间，思政教育的基本原理与主要内容之间都具有前后衔接、左右相连、上下转承的系统运作过程。

所谓融合性，是指事物之间或事物内部要素之间的一种相互连接、相互契合、相互渗透的关系。思政教育的融合性主要体现为思政课程与专业课程之间的融合、马克思主义理论学科与其他人文社会科学之间的融合、信息技术与思政教育内容之间的契合，以及马克思主义理论与中华优秀传统文化和红色文化之间的融合发展，等等。

（三）"大思政"发展路径

1. 构建高校"三全育人"体系

构建高校"三全"一体化教学和育人工作管理体系应当健全各个岗位具体执行的制度，制度的保障和支撑是目标实施的前提与保障，高校"三全"一体化育人制度的构建同样也需要体系加以保证。做好高等院校"三全"一体化的育人制度体系的构建主要遵循以下四点原则：一是落实责任制，加强高校导师责任制和学院责任制，确保学院与教师对学生负责，优化育人效果；二是实行分工合作机制，将班级事务按模块划分，专人进行负责，建立起工作对接机制，共同帮助、指导、服务每一位学生的成人、成长、成才；三是采取分级分类保障机制，为防止思政教育出现盲点和断点，在教育过程中采用分级分类进行保障，从心理咨询、宣传思想到支持学习、成才规划再到根据学生毕业求职方向进行分级分类保障，确保高效育人成效；四是建立激励约束机制，实行对教师及学生的分类考评，对教师进行约束作用，对学生做到关注成长过程，鼓励学生全方位发展。

高校"三全"一体化教学和育人制度的构建还需要高等院校各级教育行政主管部门的齐心协力来完成，否则这个制度的建立将只是纸上谈兵，该体系的建立应从以下七个方面进行。在课程育人方面，高校要健全对于思政教育课程实施与教学改革的监督管理制度和运行机制，并积极地建立一个由高等院校领导小组组织的关于思想与政治理论课程研究发展小组，对学校各有关思政工作进行监督，除此之外，也应加强对科研平台的建设和监督；在文化育人方面，学校应设立文化领导小组，对校园文化建设的工作及职责进行监督，以确保各文化政策落实到地；在实践育人方面，从校级层面到各二级学院设立职责明确的分管领导小组，对实践活动进行监管，确保实践育人取得实效；在心理育人方面，学校应根据学院及学生实际情况设立分级管理的大学生心理健康教育管理部门，定时对学生进行心理健康教育工作，在第一时间处理还在萌芽时期的心理健康问题，为学生提供帮助与辅导；在网络育人方面，学校应根据校园网络设立情况成立相应的文化建设和管理领导小组，对校园网络教育进行统一规划与管理；在对管理与服务的育人工作进行监督与指导方面，有针对性地加强学校管理与服务的工作，根据实际情况建立分管机构，确保各项目的落实效果；在加强教育与培养师德修为方面，各高校党委书记与学院院长都应该始终站在统领大局全局的角度与层面上认真履行各自的职责，共同致力于学生健康成长与成才，其他部门也应全力配合校领导工作，开展育人工作。大学生思想政治教育工作有了各部门协调配合才能更好发挥高校的育人实效，建设"三全"一体化育人体系。

　　高校"三全"一体化教学育人队伍体系的形成与建构不仅是靠制度和社会组织力量的支持与保障，还需要各部门加强协作，将各项政策严格落实到地，这就需要高等院校各单位树立正确积极的工作理念，并将各部门职责分配明确化和明晰化。这需要我国高校在全局上制定明确细致的条例，比如在统筹全局的基础上对校内各项有关思政工作的处理是校党委的职责，比如针对各部门（如科技处、研究生工作处等各个科室）的主要任务就是为校内教职工及其他学生提供一个便利的科研和学习环境。以此来看，高校真正实现育人实效还要靠各部门的配合以及主要部门对各下属部门的监督，并对各部门的工作落实情况设立相应的奖惩政策，只有这样，高校的大学生思想政治教育工作才能在各部门的努力配合之下产生育人实效，为学生的成长成才出力。

2. 完善高校思政工作监督体系

　　要保证高校思政工作的实际成效就离不开完善监督管理运行体系，监督管理的运行体系是在多个要素所搭建而成的，其在监督主体、客体、形式、内容、机制的共同组合下流畅运行。其中，监督主体包括内外部监督主体，内部有自身负责纪检监察的部门，外部受到包括来自纪委监委及社会各界的监督。内部监督与外部监督的主体在法律法规所赋予的职权空间内施行自身的监督权，各相关部门、高校党群组织、高校思政工作者则为监督客体。监督形式则同样有内外之分，内为校内纪检部门监督，外为党内监督、社会监督。监督内容则是客体在工作中的实际成效。监督机制是由相关法律法规、各项政策文件、规章制度所构建起来的。因此，监督体系的运行就是监督主体在监督机制的支持之下，对于客体工作的实际成效、职责完成情况等多项内容进行监督督查的动作，所以要保证该体系的完美运行，还应当完善各要素之间的紧密联结，使高校思政工作监督的最终目的成功实现。

3. 创新互联网与思想政治教育相结合的新模式

学生的学习心理和学习动机，对最终的思想政治教育实效性建设的效果具有十分重要的影响。兴趣是学生建立积极学习心理和动机的驱动力，更是他们保持学习的一贯性和良好性的重要保证"大思政"视域下，强调全方位、全过程育人的同时，应切实关注学生个体的个性化学习需求。思想政治教育内容需能激发学生学习兴趣和积极性，令他们全身心地投入其中。教师应将现代教育技术融入思想政治教育各个阶段，深度推进"互联网+教育"育人新模式。基于互联网平台，对传统教育空间进行延伸，设计可迎合学生认知和审美的思想政治教学课堂。教师的"教"需体现以生为本，学生的"学"应切实彰显知识获得的本质。即思想政治理论知识的讲解，不应停留在表面的熟知和记忆层面，应渗透到学生的思想中形成个人的积极理解。如教师立足于统一教材，从中提炼出可与现实对接的知识重点。在此基础上，构建"宽口径"的网络思政教育模式，引导全员深度地参与到理论教学和实践训练的各个教学活动中。教师可运用学生感兴趣的网络话题、网络用语与学生进行平等对话和思想交流，深挖他们的思想问题和政治立场，以此在线下课堂和社会活动中，更有针对性地对学生进行价值引领。教师应建立"用户至上"的服务理念，正确地定位自身的教育角色，不再进行"填鸭式"的理论灌输，而是通过创建可自由表达和开放互动的教育空间，使当代大学生逐渐具备良好的思辨能力和创新能力，对国家发展历程和未来发展战略等给予充分的认可和支持。

二、"课程思政"

(一)"课程思政"的概念

结合课程思政的政策来源依据与政策社会需求、时代背景,我们应运用马克思主义理论和方法,紧扣普通高等院校立德树人根本任务,紧密结合立德树人思想所包含的政治方向与社会主义事业接班人的培养目标,在确立这一根本性的、方向性的重要前提后,再来得出课程思政在新时期的特定、本质内涵。我们将课程思政的内涵定义为:课程思政就是普通高等院校为了切实贯彻立德树人根本任务,以实现培养社会主义建设者和接班人的根本目标,在对学生传授学科专业知识的同时,广泛开展以拥护中国共产党的领导为核心的政治认同教育,为学生建构一个与思政理论课同向同行的课程环境。

面对普通高等院校全员全过程全方位育人战略要求的提出和实际思政教育过程中面临的现实性难题,"课程思政"作为新的思政教育理念成为普通高等院校教师和学者关注和研究的重点。"课程思政"的概念同其他一切新事物一样,都经历了一个从无到有逐渐走向完善的过程,因此要详尽掌握课程思政的意蕴价值及其精神内核还需要对其发展历程进行简单梳理。我们可以将"课程思政"生成的逻辑起点追溯到"学科德育"理念。2005 年,在上海市推行的"学科德育"教学改革中,教育主管部门要求将德育内容和中小学的各门课程相关联,将德育功能的发挥诉诸学校的各类课程当中,同时每位教师承担起德育责任。2010 年,上海市在"整体规划大中小学德育课程"的实践探索中,寻求德育课程一体化设计方案,旨在实现大中小思政课程的有效衔接,发挥第一课堂的主渠道作用、第二课堂的文化与实践育人作用,拓展网络教育的运用范围以及切实提升网络教育的教育内涵,实现学校、家庭和社会"三位一体"的综合育人效应。

(二)"课程思政"内涵

1. 对"思政"内容和目标价值进行了明确

实施课程思政的过程中,不是不可以在课堂教学中继续开展一般道德层面的德育教育，而是重点要强调当前高等教育立德树人根本任务所体现的应是坚决拥护党的领导、培养社会主义事业接班人的政治目标，把这一关系到"为谁培养人"根本命题作为课程思政培养时代新人的主要价值追求，这是与"课程德育"理念有着本质上的区别的。高等教育立德树人之"德"主要是围绕大学生的政治方向培养，而德育指的是一般意义上的个人道德、职业道德、社会公德等。德育教育对全社会成员均有教育意义，也就是公德和私德是针对全体国民的共同倡导和一般道德要求。而课程思政所体现的立德树人为"大德"，是建立在公德和私德基础上的，对于高级专门人才，无论是职业院校的应用型人才还是普通本科院校的专业人才，无论是专科生、本科生还是研究生，都必须具备正确的政治方向、良好的政治品德，这就是课程思政中"思政"的本质内容和价值意义。

2. 对高校教师的思政水平提出了新要求

在高等教育现实环境中，师德师风一般就是指教师的职业道德、个人品德，也就是传统意义上的师德只强调公德和私德。特别是一些普通高等院校、一些行业应用性较强的专业，一部分教师直接来源于社会从业者，比如医学类、艺术类等专业；还有很多普通高等院校的教师都有出国学习、从业的经历。相关教师缺少教学经验、以及教师执业培训不到位以及对教师职责理解不到位等现象的存在，导致教师及教学管理者对师德内涵理解的价错位与现实偏差。与在课程教学实施过程中，部分教师认为只要不产生教学事故，把专业知识讲解清楚，课堂内外都注意教师形象，守住师德底线，这些就是课程思政教学的切实贯彻。也就是认为，不违法、不违规、不违背基本道德就是良好的师德师风，也有普通高等院校的教学管理者认为教师只要把课上好，就是在切实贯彻课程思政。

（三）"课程思政"体系构建

1. "课程思政"组织架构

（1）各普通高等院校明确了普通高等院校党委实施课程思政的主体责任和领导地位，包括学校党委负责人即普通高等院校党委书记是第一责任人。如北京第二外国语学院党委书记顾晓园认为课程思政教学改革是"一把手"工程。大连工业大学党委书记葛继平对普通高等院校课程思政实施工作做了直接布置，包括：第一，明确内涵；第二，分步推进；第三，明确责任；第四，完善政策。

（2）在普通高等院校内中级层面的课程思政实施组织方面形成了三种模式：第一种是学校教务处担负着重要的，甚至是引领性的作用；第二种模式截然相反，由马克思主义学院发挥协同引领作用；第三种模式是学校党委或党委的工作部门（如宣传部）统领，二级学院或二级教学单位自行组织推进、并驾齐驱。大体上虽有三类不同组织体系的不同观点，但事实上至少提出了普通高等院校课程思政该有哪个部门牵头、承担的问题，避免了职责、权责不分。还有其他建议，如建议建立"教师工作部"专门负责教师及课程思政的切实贯彻管理。

2．"课程思政"制度建设

围绕国家关于推进切实贯彻课程思政教学改革的有关政策，众多普通高等院校纷纷出台了本校的课程思政实施方案等制度文件作为本校课程思政的顶层设计。安徽建筑大学课程思政实施方案中明确了加强组织领导、加强协同联动、强化工作考核、提供经费支持等要求。湖南工学院课程思政实施方案中也提到了加强组织领导、加强协同联动、强化工作考核三个方面。温州大学推进课程思政实施方案中也提到了相同的三个方面，另外一个方面是激励机制，与安徽建筑大学实施方案中的经费支持有共同之处。大体上所有普通高等院校制定的本校课程思政实施方案在这几个方面是相同的，这也从侧面体现了普通高等院校课程思政在校级层面的制度建设显得过于笼统，趋于同质化。

二级院系是切实贯彻课程思政教学改革的主要部门、关键部门。哈尔滨理工大学软件与微电子学院制定的课程思政实施方案围绕工作目标、实施办法、保障与激励等做出了具体安排。然而，除部分普通高等院校的独立设置学院（下属公有民办学院）之外，很难再了解、掌握到其他普通高等院校的二级院系层面出台的课程思政实施方案材料，但关于切实贯彻本校的课程思政相关教学活动、评比等所制定的操作办法却比较丰富。

3．"课程思政"指导培训

第一种培训方式以开展培训讲座的形式为主，以邀请相关普通高等院校的专家学者开展辅导报告作为主要特点，通过讨论、讲述等多种方式共同探讨课程思政。第二种培方式是以研讨会的形式开展，当然有些学校组织的研讨会其实在性质、形式上还是属于"讲座"，即一人主讲、他人讨论，或者是领导主讲，其他参会者谈感受。除此之外，就是全省、全国范围内的关于课程思政实施层面的讲座报告、研讨会，参与教师的数量与某一学校教师总量比较实在是少之又少，缺少覆盖面。

4. "课程思政"实践探索

（1）以科研出成果。由于普通高等院校特殊的工作机制，尤其是教师职业发展体制，教师在切实贯彻课程思政教学的同时，特别在意将本课程实施课程思政教学的做法形成学术论文等作为科研成果。这一做法既有学校有效促进的因素，比如组织课题申报和科研立项，也有教师注重自身成果的积累而主动改革实践开展学术提炼。

（2）以活动为形式。比如，课程思政教学讲课竞赛或说课比赛、"课程思政主题活动月"、教学案例征集、集体备课等。这些活动的特点是形式丰富、参与性强，虽然具有短期性，但能形成现实层面的"结果""成果"作为课程思政教学改革实施的体现，可用于工作总结、经验介绍、成果展现及上级检查等。

（3）通过会议布置工作。学校、二级院系、教学管理部门通过各级各类会议来强调课程思政的切实贯彻和推进，有专门、专题会议的形式，也有在其他会议内容中占用部分实践布置工作，这一做法每一所普通高等院校都会实施，具有普遍意义。关键在于会议召开以后的切实贯彻监管，以及下一管理层级通过会议传达上一级的会议精神过程中有没有表述清楚并传达到位。因此，会议布置工作具有必要性，但应避免下一级以"开会"来完成上一级会议精神的切实贯彻。

5. "课程思政"评价体系

普通高等院校对课程思政教学反馈与评价主要依据为学生群体对教师实施课程思政的信息采集，主要通过网上测评、调查问卷、教学信息员反馈三个途径。除此之外，各普通高等院校采取的途径通常还有通过教学督导、教学管理听课等教学监测队伍的信息反馈。也有学校开展了全校层面的课程思政切实贯彻专项检查，通过量化、细化评价指标来检查教学文档如课件、教学大纲等，通过开展学生座谈来收集学生层面的课程思政实施情况及效果测评。如集美大学就由教务处组织专项检查小组到各学院实地检查，内容包括自查报告、研究与交流材料、教学大纲修订、教学计划和教案（PPT）及应用案例等。

当前，国内各普通高等院校实施课程思政教学改革的主要情况可以归纳为以下几点。

第一，都能明确将立德树人作为课程思政实施的根本任务，但对课程思政的实施目标即"德"的方向、内涵尚未形成统一理解。

第二，确立普通高等院校党委为切实贯彻课程思政的主体责任，但普通高等院校内部中层的管理部门设置、分工、权限划分等组织结构各不相同。

第三，学校层面都制定了实施方案作为制度推进措施，但下属二级院系的切实贯彻制度尤其是保障制度需要加强。

第四，虽然组织了讲座报告辅导，但培训工作缺少系统化，覆盖面较窄。尤其是指导者、主讲者的资质、能力需要界定，从而达到课程思政实施目标、方向的统一。

第五，课程思政科研方面体现在各课程自主展开研究，缺少必要统筹，尤其是缺少思政理论方面的指导，普通高等院校应避免错误的、主观的、片面的科研理论用于教学实施。

第六，在课程思政教学改革效果评价方面尚缺少覆盖面较全的有效观察途径，也就是教师有无在日常教学中切实贯彻课程思政教学，效果如何，评价方法与路径仍需探讨。

（四）"课程思政"协同育人体系的构建

1. 必要性分析

伴随着世界范围内思想文化的频繁交流碰撞和科学技术的迅猛发展，我国的教育事业也受到了深刻的影响，思政教育同样也面临新的挑战。任何历史时代都是在提出自身时代命题和有效解决自身现实问题的基础上不断发展进步的，"课程思政"教育理念适应了当今时代的教育发展诉求，为增强思政教育实效性提供了新的思路。因此，"课程思政"是一个裹挟着时代诸多发展诉求的现实命题，它有着强有力的实践依据。

（1）意识形态教育的复杂性

从根本上来说，"课程思政"协同育人的现实推进根源于意识形态教育的极端重要性和复杂性。作为"软力量"的意识形态标志着一定的阶级和利益集团对社会形成了独立力量，实际上它更是一定社会统治阶级根本利益的折射。对于意识形态的极端重要性，马克思认为如果从观念上来考察，那么一定的意识形式的解体足以使整个时代覆灭。所以，意识形态工作的开展既需要从顶层设计上赋予现存政治制度以合理的思想体系，又需要通过方式引导社会成员认同这些思想观念，使社会成员在价值选择和行为实践各方面能自觉地遵循思想观念的指引。意识形态正是通过教育的手段才为社会成员所接受并成为他们实践活动的内在依据和真实动机，意识形态的本质要求是实现"理论掌握群众"的目标，实现这一目标的过程是复杂的，它需要借助一定的价值符号去论证社会政治经济制度、社会决策以及社会运行秩序的合理性，这个过程涵盖社会的方方面面。因此，意识形态教育是一项涵盖多元因素的综合议题，关键在于如何实现社会成员在行为实践、情感生成、态度倾向、价值选择、理想信念形塑等方面的内在统一，并且使以上诸多方面符合社会主流意识形态。普通高等院校承担了意识形态教育的很大一部分任务，它也是意识形态教育的重要实施场域，整合普通高等院校诸多教育资源形成意识形态教育育人合力需要从课程这一主要的育人载体着手，通过课程搭建起个人与社会、实践活动与思想信念体系内在转化的桥梁。以课程为载体整合教育资源实现意识形态教育目标需要以明晰各个学科蕴含的具体价值取向与社会主义核心价值关系为思考前提，在课程教学中为社会主流意识形态的生成创设良好的环境，以积极的思想观念引导学生在构建学科知识体系的同时形成正向的情感态度、科学的思维方式、正确的价值选择和坚定的理想信念，使学生在面对社会多元价值信息时能够自觉地倾向于符合主流意识形态要求。意识形态是一个包含政治法律思想、道德、宗教、艺术、哲学等多种形式的复杂的思想体系，这正是意识形态教育和"课程思政"协同育人在教学内容上的逻辑契合点。在学科整体架构和专业知识精准把握的同时以课程为载体推进思政教育体系的完善是当前普通高等院校进行意识形态教育的迫切需要。

（2）立德树人根本任务实现路径的多维性

党和国家始终把培育共产主义信念和社会主义意识形态作为教育的核心要义，普通高等院校承担了育人的职责和使命。立德树人根本任务经历阶段性的演进继而逐渐明晰：从中华人民共和国成立到20世纪六七十年代，教育工作主要强调对国家、中国共产党和社会主义的认同，培育爱国主义精神、社会主义觉悟和共产主义情怀以及树立辩证唯物主义和历史唯物主义观；20 世纪八九十年代强调坚持正确的政治方向和社会主义发展方向，拥护党的领导，将有理想、有道德放在了"四有新人"的前列；进入21 世纪教育要重视世界观、人生观、价值观教育，坚定社会主义理想信念；新时代确立起立德树人的根本任务，在培育担当民族复兴大任的"时代新人"的整体规划中，将"立德"置于关键地位。由此可见，党和国家一直将培育社会主义建设者和接班人作为教育主线贯穿于各个环节。要实现立德树人根本任务单纯依靠思政理论课是很难取得良好成效的，可将其定位为一项系统育人工程，从充分利用各类教育载体、拓展思政教育主体的外延、完善思政教育长效机制等多个维度共同推进育人目标的实现。新时期意识形态教育目标和落实好立德树人根本任务应该拓宽思政教育的辐射范围，以思政课程以及各类课程为核心，以学校党委领导下的日常思政工作为辅助，构筑系统科学的思政育人环境。

（3）思政教育课程建设和改革的不断推进

长期以来，高等教育中价值引领作用的发挥被局限于思政理论课中，在非思政教育专业的课程领域尚且存在边缘化甚至是忽视思政教育的现象，这给普通高等院校思政教育工作的开展带来了巨大的挑战。为了有效解决思政教育与专业素质培育之间的错位问题，在各类课程教学中实现知识传授和价值引领的同频共振成为当前工作的重中之重。"课程思政"的推进适应了思政教育课程改革的需要，它也是在长期的思政课程改革实践中探索出来的。

其他课程协同思政教育事实上是伴随着思政课程建设和改革过程始终的，"课程思政"理念也逐渐明晰和得以确立。在 20 世纪 80 年代党中央和国务院就有了将普通高等院校部分课程，特别是一系列思潮课作为马克思主义理论课的补充的意识。在党的十二大报告中强调了共产主义精神的重要性。随后，教育部先后印发了《关于在高等学校逐步开设共产主义思想品德课程的通知》和《关于高等学校开设共产主义思想品德课的若干规定》，坚持以马克思主义指导教育工作整体推进，以马克思主义意识形态占领育人主阵地。这一时期普通高等院校以一系列思潮课程和相关讲座讨论支撑马克思主义理论课教学，并且为了回应时代变革尤其是科学技术革命对思想领域的巨大冲击，哲学社会科学、自然科学、艺术类等学科依据自身特点从不同领域支持马克思主义理论课的发展。这个时期其实已经折射出党和国家将普通高等院校其他课程和马克思主义理论课共同推进思政教育的倾向。

2. 面临的困境

"课程思政"理念具有深厚的理论根基和现实依据，但这只是一个合理性维度的思考，其具体推进过程乃是我们关切的重点。开创"课程思政"协同育人新局面，需要廓清育人过程中遇到的各种实际问题，为"课程思政"的推进减少障碍。以课程协同思政教育是一项系统工程，它关涉课程资源整合、教育主体协同和体制机制构建等诸多方面。树立问题意识，剖析当前课程思政开展过程中面临的一系列问题才能精准而有效地实现各类课程和思政教育的衔接。

（1）各类课程差异明显，难以发挥"共振效应"

课程作为教学的重要载体形式，在各自的学科领域下设置了具体的课程教学目标，划定了课程教学的内容范畴，基于前两者形成了相关的课程评估体系标准。"课程思政"推进过程中首先面对的就是其课程覆盖面广泛的实际情况，课程思政与原有课程之间衔接精准度不高是当前工作面临的一大困难。在不消解各类课程原有教学目标科学化和教学内容专业化的基础上，都种好"责任田"发挥思政教育功能是当前切实贯彻"课程思政"协同育人的重点和难点。就目前状况来看，由于原有各类课程在教学目标和内容等方面存在明显差异，冲击了"课程思政"目标实现并且挤压了"课程思政"育人空间，同时这也是各类课程协同过程面临的现实问题，一个客观存在的现实，课程协同还面临以下诸多困境亟待破除。

①各类课程教学目标差异明显，冲击理想目标的实现

相对于国家人才培养目标和学校培养目标来说，课程教学目标作为微观层面的教育目的指导着教学实践，它规定了教学知识范畴以及学生能力培养方向，是趋向具体化的培养目标，各类课程教学目标差异显著，分别着重于学生不同的发展方向。这一客观现实本身就增加了从各个较为具化的课程目标中整合"课程思政"教学目标的难度，冲击了"课程思政"协同育人理想目标的实现。当前，我国普通高等院校课程体系庞大且在具体教学过程中不断调整，课程目标也以所属学科为制定依据而具体切实贯彻，大多数任课教师都将重点放在如何实现本课程教学目标上，在这样的宏观背景下要凸显"课程思政"目标不会自发实现。

　　首先，从动态发展过程来看，伴随着学科、课程的分化与综合，有所涉及的课程会将绝大部分的精力置于课程目标的调整和重构上。科学的变革和发展是导致学科和课程综合与分化的直接原因，科学是对自然界、人类社会以及人类思维纵深发展的回应，其中渗透着文化价值观和意识形态等诸多因素。学科和课程作为科学在学校教育领域的重要表现形式，相应地，前两者也随着科学的发展与变革而调整。新技术革命如火如荼地开展和劳动分工的不断精细化，为学科、课程的分化提供了现实有效促进力。科技、社会发展日益复杂化，普通高等院校课程的综合趋势集中体现在交叉学科的出现，横向上的自然科学和人文社会科学之间以及两者内部的交叉，纵向上的基础理论研究和应用开发研究之间的融合。在课程的分化与综合过程中，课程设置会随之发生调整，教学人员会将重心放在相关课程目标的实现上，并不会去探寻课程的文化底蕴和剖析课程蕴含的价值观目标。因此，这无疑在部分所涉课程范围内使得"课程思政"目标被冲散甚至边缘化，难以运用课程载体实现协同思政教育目标的实现。

　　其次，各类课程教学目标差异显著，如何在众多课程目标中凝聚"课程思政"目标是当前实际教学面临的难点。普通高等院校教育树立起"学科高墙"，各个学科领域下的各类课程目标具有明显的学科分界感。在现代化教育背景下，我国高等教育实施的是划分学科、明确专业的教学模式，致力于培养符合社会需求的专门化人才。这种培养模式的合理性于学生而言在于为其步入工作岗位提供一个恰到好处的衔接点，快速适应角色的转变，使其在短时间内增强职业获得感并寻找到个人价值。各个专业学科尤其是理工科设置的课程目标多以技术知识和实践运用为导向，这与当代社会分工精细化不断加深的时代背景相契合。但事实上我们也可以窥见实现"课程思政"的极大可能性，因为从总体上来看，哲学社会科学类课程除了切实贯彻具体课程的专业知识，还强调人文精神的熏陶，尊重人的价值，依靠人文文化的力量塑造人的现实生活和精神世界，从情感交流、人文情怀彰显到生命真谛的探索去推进人文教育；自然科学类课程在培养学生专门化的技术知识的同时也注重科学精神的培育，在科学理性和工具理性的作用下凸显科学技术的价值，强调运用科学技术和科学思维主要手段去形塑人的物质世界和现实生活，着眼于科技教育去追求科学世界的真理。"课程思政"目标更接近全面育人的理想目标，在功利主义、实用主义价值取向的冲击下，要想将各个专业课程置于思政教育目标实现的统筹之下，关注并且实现教育对象的思想认知、道德情感和价值观等诸多维度的目标从当前实际情况来看还存在着不同程度的"缺位"。各类课程目标培养指向明显，具有差异性和排他性，在追求专门化育人目标的过程中可能会导致"课程思政"目标被持续边缘化，冲击依托课程实现思政教育育人目标的现实可能性。

②教学内容庞大，增加了精准挖掘思政资源的难度

当前我国高等教育采取划分学科、分门别类的专业化育人模式，各门各类课程必然具有鲜明的学科属性，其中承载着众多的专业知识内容。普通高等院校各类课程知识体系结构相对稳定，以既定的教学内容为着力点遵循相应的教学规律塑造专业人才。所以就课程教学内容而言，各类课程的教学内容因学科专业领域不同而呈现出显著差异性，各自研究的问题域和话语形式也存在着明显的专业界限。如何保持专业知识教育和思政教育两者之间的平衡本身就是一个尚待进一步有效解决的问题。在"课程思政"背景下，更是将课程体系这一整体框架置于价值观培育的合理性维度之中，这无疑给"课程思政"育人精准挖掘思政教育资源带来了实践环节的难度。

当前普通高等院校教学普遍存在"学科高墙"和"专业壁垒"，难以在众多课程内容中甄选出思政教育内容。进入新时代，党和国家越来越重视高校思政教育，强调要将思政工作贯穿于教育教学全过程，将思政之"盐"融入教育之"汤"，以推进落实立德树人根本任务。不难看出党和国家对思政教育的定位，不再局限于隐性思政教育范畴，而是要将其他课程尤其是专业课纳入思政教育作用的范畴，将其逐渐构建成一门"显学"。但从"课程思政"实际推进过程来看，其现实状况并非如先前设想那般乐观，最为明显的就是"课程思政"依然会陷于"形式化"之中。一方面是源于思政教育自身的"形式化"问题突出继而影响普通高等院校整个学科体系对于"课程思政"的认同感；另一方面是在实际教学过程中任课教师不能精准划定能够有效进行思政教育的内容载体，难以避免自圆其说的情况而降低"课程思政"的说服性。虽然各门学科和各类课程都承担着育人的功能，但也正是这种学科界限使得课程教学内容丰富且各具特点。"课程思政"要想作用于各门学科和各个专业课程的重要一环就是如何根据课

程特点寻求思政教育切入口，明确哪部分课程内容能够精准地与思政教育进行有效衔接。如何依托教学内容在各类课程中寻求思想认知、道德情感、意识形态和价值观教育成为当前"课程思政"有效推进过程中的首要破解的现实问题。

（2）专业课程缺乏价值引领模糊了"课程思政"的内容范畴

①专业课教师对课程思政的认知不到位

长期以来思政教育工作都面临着思政课和专业课"两张皮"的现实难题，如何扭转思政教育在专业知识课程领域被边缘化的局面是当前工作的重大任务。各教育主体特别是专业课教师对"课程思政"理念的价值认同不够，如何完成思想理念上的"破冰"，将这一新的教育教学理念自发自觉地运用于课程教学实践当中仍是关键问题之所在。

专业课教师作为学校教育的主要力量与学生进行直接的频繁的互动，他们对"课程思政"理念的认知度和认同度将在很大程度上影响"课程思政"实效性。专业教师对课程思政认知不到位主要体现在以下两个方面。其一，模糊了思政课程和"课程思政"的辩证关系。把握思政课程和"课程思政"的关系是贯彻"课程思政"理念的前提，但事实上很多专业课教师没有充分认识到两者在目标和任务的共性以及两者教学内容的相关性。部分专业课教师没有意识到自身在引导学生价值观形塑方面的重大作用，把知识传授和价值领域视为对立的目标追求，将思政教育功能的实现囿于思政课教学领域；专业课程中的思政教育元素和思政课程的教学内容构成了"课程思政"的内容体系。其二，对于课程思政价值认同的偏离，有的专业课教师甚至质疑"课程思政"价值是否存在。在划学科分门别类的教学模式下，单学科育人的固化思维仍存在于部分专业课教师头脑之中，将思政教育的价值观引领和意识形态形塑视为思政课教师的责任，对于自身的教学任务定位为知识和技能的传授，并且在专业技术性较强的某些理工科院系，其专业课教师对该学科是否具有思政教育功能存在思想困惑，大多倾向于从事单纯地教学和科研活动，从而将"课程思政"理念切实贯彻和思政教育目标实现排除在自身工作范畴之外。对"课程思政"主观认知上的缺陷必定会导致专业课教师难以融入全员、全方位、全过程育人的思政教育育人格局之中，推进专业课教师思想理念层面的"破冰"是实现"课程思政"协同育人的工作要点。

②专业课教师开展课程思政能力不足

将思政教育巧妙嵌入专业课程教学中是对专业课教师能力的一大考验，专业课教师的能力和素养是影响"课程思政"效能的核心变量。要实现思政教育"基因式"融入专业课程教学之中，既要求专业课教师有过硬的知识储备和专业技能，又需要其具备有效衔接思政教育的理论素养和开展专业思政教育的技巧。显然，从总体范围来看，专业课教师诸方面的能力存在不同程度的欠缺。

"课程思政"对专业课教师提出了更高的能力要求。一是具备过硬的思政素养，专业课教师要遵循社会主义办学方向和正确的政治方向，对教书育人保持极高的热情和强烈的使命感。思政素养是激发教师自我完善的内在动力，对教师的科学文化素养、专业技术素质等方面起着方向引领的作用，这正是"课程思政"强调知识传授与价值引领并行对于教师素养的本质要求。二是掌握一定的马克思主义理论基础知识，专业课教师要想在教学中渗透思政教育，足够的理论知识贮备和理论敏锐度是基本前提，达到"课程思政"对专业课教师所期许的理论素养标准，用理论武装自己的头脑才能在实际教学中说服学生，才能以完善的"课程思政"教学逻辑提升学生的认同感和获得感。三是掌握依托专业课程进行思政教育的技巧和方法。这要求专业课教师在一定程度上掌握学生的思想认知发展规律和思政教育教学规律，发掘专业知识与思政教育的内在相关性，这是推进"课程思政"的实践保证。在这种多维能力体系要求下专业课教师仍然在以上几个方面存在着能力短板，受学习和工作环境的影响，较难在短时间内从根本上改变这种现状。其一，由于受学科专业背景的影响，大多数专业课教师未经系统、科学的马克思主义理论教育是客观事实，在理论知识贮备和理论驾驭能力等方面存在明显劣势。其二，长期以来重专业知识教育和技能传授而忽视价值观引领的局面并没有从根本上得以扭转，思政教育的"孤岛"困境使得专业课教师缺乏提升自身思政教育技能的内在动力。如何化解专业课教师对"课程思政"的认同危机促成他们在实践教学环节切实贯彻思政教育对能力有着更高的要求。突破专业课教师开展"课程思政"的能力局限，建立"课程思政"长效学习机制势在必行，唯有如此才能让专业课教师达成对"课程思政""真信"和"真教"的理想状态。

③教育主体之间协同、效力不足

　　"课程思政"要求充分利用好课堂教学这一主渠道，促成各类课程种好思政教育"责任田"，"课程思政"育人效力的发挥既取决于其育人系统构成要素各自的存在状态，又取决于系统各要素之间的相互作用程度。以课程协同实现思政教育改革关涉教育教学各个环节，需要在学校党委的牵头带领下，通过各专业院系和思政教育行政工作部门共同搭建课程思政平台去鼓励和引导思政教师和专业教师开展教研讨论，凝聚思政专业和其他专业的育人合力。换言之，"课程思政"教学实效性的提升需要普通高等院校内部各部门创设协同育人环境，加强思政课教师和专业课教师之间的交流与协作。从整体上看，"课程思政"教育主体的协同力度不足是现实存在的客观实际。

　　首先，从思政教育管理层面来看，学校党委、宣传部、团委、教务处和学工处等职能管理部门还未明确自身在"课程思政"建设中的职责。有的普通高等院校响应"课程思政"改革，设立了由多个部门的核心人员组成的领导工作小组，但由于难以制定管理方案和实施细则而被搁置起来，小组工作名存实亡、流于形式。学校管理层面相关工作的欠缺给课程思政科学化规范化运行带来了难度。其次，从教师教学环节来看，思政课教师和专业课教师由于各自的教学任务不同并且存在课程定位差异，两者的教学活动几乎处于平行的状态，缺少有效的沟通交流协作。即便是两者有意识自发地尝试交流合作也会因为各自固有的思维模式局限而难以打开有效交流对话的切口，加之各自时间精力有限特别是各位专业课教师教学科研任务繁重而导致常态化的有效沟通难以持续。再则，从各院系之间的协作来看，马克思主义学院应该在学校党委的带领下积极主动开展与其他学院的沟通对话，从学院整体布局的维度将"课程思政"纳入发展规划之中。然而，从当前的实际工作情况而言，虽然有马克思主义学院在"课程思政"推进中具备发挥协同引领作用的实力，但事实上其他学院特别是理工科学院的配合度不高，学院之间难以建构有效的协作平台。最后，从校际的合作来看，主要通过交流座谈会的形式将重点集中在各自"课程思政"建设具体内容的展示和经验的分享，这种合作模式下积累的经验过于抽象和泛化，很难让一线教师体验到"课程思政"教学各个具体环节设计的精妙之处。所以学校之间急切需要加强师资队伍的双向流动，提供教师观摩学习"课程思政"特色课程的机会，体验课堂教学的真实情境，真正将彼此的交流学习效果最大化成为校际需要突破的重点。

（五）"课程思政"现状

目前普通高等院校对"课程思政"建设做出了有益的探索，积极倡导在教学实践环节适当引入"课程思政"育人理念，并且在多方支持下形成一系列示范课程，但在整体规划、实际运行和评估体系等维度给予的制度支撑相对薄弱。育人体制机制呈现出非规范化甚至是缺位的现象，使得"课程思政"协同育人难以真正落到实处。

1. 主体责任不清

"课程思政"育人体系蕴含着一个多元主体集合，包括学校党委及其领导下的各学院党委、教学管理部门和学生工作组织，应当将这一新教学理念的实施置于学校战略高度，从顶层设计的总体规划视角明晰各个主体的工作责任范畴，即尽可能设计好"课程思政"队伍建设的目标并搭建好总体建设框架。目前在整体规划方面有了一定的成效，比如上海作为"课程思政"改革的先行者为各普通高等院校提供了"党委统一领导、党政部门协同配合、以行政渠道为主组织切实贯彻"的顶层设计思路，在党委统一领导下成立"课程思政"改革工作小组，并且划定了专门的办公场所规范切实贯彻相关工作。但从全国范围普通高等院校整体规划来看还存在顶层设计碎片化的问题，如何打破职能部门壁垒，明确各部门在"课程思政"建设过程中的责任也是当前需要突破的瓶颈。显然，普通高等院校内部结构分明，分工明确，各个职能部门各司其职以保障普通高等院校各项工作科学有序开展，但"课程思政"理念下构建的全员全课程思政教育模式需要各职能部门的协同配合。然而将"课程思政"工作介入各个部门会引发原有职能部门工作的系统性调整，涉及很多具体环节要与"课程思政"进行衔接，相关部门工作的切实贯彻需要以顶层设计的总体规划维度为起点，将各个职能部门纳入"课程思政"教学改革系统，诸如教务处、教师发展中心、人事处等职能部门的职责的明确规划。因此，在分工如此细化的体系下，普通高等院校内部各部门界限感强烈，各部门不会自发地承担起"课程思政"建设的主体责任，若想将它们共同纳入"课程思政"工作进展之中，还需抓好顶层设计，明确划分各职能部门有关"课程思政"建设的相关任务。

2. 制度建构有待完善

在推进"课程思政"实际教学的过程中，尚存在相关制度建构效力不足甚至是缺位的情况。首先，长效学习机制和集体备课制度需要进一步切实贯彻和完善。"课程思政"协同育人作为一种新的思政教育育人模式，教学主体特别是专业课教师有一个适应和学习的过程。专业课教师受其学科专业背景的影响，绝大部分尚不具备科学系统的思政教育理论基础以及有效的教学方法。因此，一方面，专业课师资队伍真正融入"课程思政"建设队要将长效学习机制贯穿于始终，通过制度化的学习形式不断强化专业课教师对"课程思政"的理解和执行能力；另一方面，鉴于专业课教师以往形成的固定的教学范式和程序，他们在课堂教学中往往忽视对学生价值判断能力和价值形塑能力的培养，为了保证专业课能够辐射到思政教育内容而提前做好教学准备尤为必要，对于如何在专业知识传授过程中精准把握思政教育切入口，需群策群力，创设集体备课制度发挥教师群体的集体智慧。其次，合作对话机制建设力度有待加强。对于普通高等院校思政课教师而言，他们承担了全校范围内的公共课教学任务并且还承担着所属学科专业的教学和科研任务，他们参与"课程思政"建设的时间精力有限。对于各专业课教师而言，他们更加缺少主动融入"课程思政"的自觉意识。因此，激发课程的育人合力需要加强教学平台建设，促进对话交流与资源共享。最后，维持"课程思政"教学的保障制度薄弱。从现实维度来看，无论是专业课教师还是思政课教师对于"课程思政"的专注度都尚待提高，其中不乏有人将"课程思政"视为自身教学科研以外的附加事物，除了大力倡导教师教书育人的责任感和使命感，也可从奖励机制的角度，既给教师提供相应的保障又为"课程思政"注入发展动力。由于当前普通高等院校对"课程思政"的相关保障配套机制考虑的欠缺，还未能完全解除广大教师的后顾之忧，应该以相应的奖励措施对教师投入"课程思政"建设加以支持与鼓励，为他们提供专项经费扶持以加大优秀示范课程的开发力度和提升他们教学的积极性、成就感。

3. 教学评估机制有待创新

教学评估同样是整个教学实践过程的重要一环。依据细化的评估标准通过专业的具有针对性的评价话语进行反馈，是提升教学效果的重要步骤。目前"课程思政"教学评估的核心问题是专业教学评估小组面临重组、评价标准亟待制定和跟进。现行的教学评估以学科专业教学过程和结果为评价依据，有专门的教学质量管控机构、评估方式以及评估标准。面对"课程思政"教学改革的深入推进，理所当然需要建构与之匹配的评价机制。第一，"课程思政"教学评估任务实施的主体模糊，缺乏专门的评估机构规范开展相关工作。因为"课程思政"蕴含了思政教育有机融入专业课教学这一新的总体教学要求，评估操作主体既要有权威机构的支撑又要具备给予"课程思政"有效评价的能力，这正是目前"课程思政"主体所欠缺的。"课程思政"教学评估的主体责任由谁承担，学校原有的教学质量管控部门是否有能力开展有效的"课程思政"评估有待进一步明确，因此组建专业的教学评估工作小组，将德高望重的专业教师和经验丰富的思政教师纳入其中尤为必要，这将在一定程度上改善评估主体模糊，互相推诿的状况。第二，原有的教学评估体系与标准与当前"课程思政"建设实际不相符。在当前宏观的学术评价体系下，呈现出重科研轻教学的畸形状态，这客观上挤压了"课程思政"的展开空间甚至直接导致"课程思政"教学环节的缺失。"课程思政"建设涉及专业课程教学中的思政教育效果评价，即要评估学生正向价值判断和价值形塑的能力以及内生动力如何。因此，这不同于以往仅在专业领域进行评估，还应从学生身心成长和价值取向等维度进行综合考量。一方面，要对"课程思政"进行教学过程性评价，即教师在专业课教学中是否具有开展思政教育的意识以及采用的"课程思政"教学方法是否实现了专业知识与思政教育的自然衔接；另一方面，对于教学效果的评估既要着眼于学生对专业知识的掌握和运用能力的考评，又要建立起学生情感态度转化、价值选择和信仰形塑方面的考察指标。"课程思政"致力于将专业课中的思政教育内化于心、外化于行，所以"课程思政"教学效果难以拥有一个量化指标，无法通过直接的学业水平测试赋予分值，给当前的教学评估标准以及"课程思政"教学评估带来了较大的困难，需要拟定新的标准并及时运用跟进。

综上，在推进"课程思政"协同育人进程中面临着如何将专业课教学和思政教育进行精准衔接，实现"课程思政"教学目标，如何集中教育主体力量发挥协同育人效应，如何创新"课程思政"协同育人体制机制等现实难题。这些问题都是"课程思政"在现行普通高等院校教育环境下面临的挑战，分析把握其协同育人困境对于为"课程思政"协同育人提供具有针对性的建设方案有重要意义。

4. 课程思政建设组织力度有待提高

普通高等院校课程思政建设管理存在缺位还体现在组织力度方面，这里的组织力度多是指在学院层面、党组织层面、普通高等院校社团层面的组织力度存在较大的提升空间，而针对学校党委层面的组织力度已经执行得比较到位。通过访谈调研发现，大部分教师表示普通高等院校课程思政建设组织呈现"上强下弱""上急下缓"的特征。普通高等院校课程思政建设各环节各岗位发力不一致，导致高层"竭力吆喝"，但基层"不见端倪"，其主要原因还是基层课程思政建设的重视程度不够，导致组织力度不够，本应组织基层教师参加特定的培训学习因其他教育教育事项给挤占了，本应组织学生参加的有关课程思政建设的社会实践由于教育教学安排不合理给推迟或者取消了，总体上规划安排欠缺，统筹能力亟待提升，组织力度不强。这种状况迟缓了普通高等院校课程思政建设的步伐，降低了普通高等院校课程思政建设的阶段性质量。

5. 外部社会环境造成了的不利影响

外部社会环境对普通高等院校课程思政建设同样存在一定的影响，主要体现在市场化体制改革下强化经济基础优先的思维、信息化加速发展带来的多元文化的冲击两个方面。这一点在访谈调研时也得到回应，后文的研究将分别从上述两个方面进行分析。

（1）过度追求经济发展的影响

经济的快速发展对大学生的世界观、价值观产生一定程度的影响，导致部分大学生更加注重个人价值的实现，而忽略了整体维度的价值。在这种模式下，学生的行为都具有明显的利益特征，实现利益最大化才是其奋斗的目标，而不是促进建设社会主义现代化强国等目标。经济利益追求与树立正确价值观并不违背，相冲突的是以个人为中心的经济利益最大化的追求容易产生示范效应，忽略了其作为社会主义建设者和接班人应承担的时代使命和历史责任。根据访谈调研，部分教师反映当下这种追求个人经济利益最大化的社会现象已经开始流向普通高等院校校园。部分大学生为了实现个人短期内的经济诉求，占用学习时间进行网络直播，甚至出现低俗、媚俗的直播现场。还有部分大学生在经济利益面前过分膨胀，享乐主义、拜金主义的情绪开始占据其生活空间，出现厌学、沉迷游戏等不良行为。最终导致这部分大学生只重视个人利益，忽略实际情况，出现更多的社会问题和道德问题，因此这种不良风气对于普通高等院校课程思政建设势必产生不利的影响，部分学生在课程思政建设过程中遇到的思政内容均会产生强烈的抵触情绪。

（2）多元文化产生的冲击效应

多元文化对普通高等院校课程思政建设产生的冲击效应主要是指西方文化对马克思主义理论的主导地位和权威属性的冲击，导致部分大学生的价值观出现选择困难。

①多元文化导致个人偏向性追求个人利益最大化。多元的西方文化多是以个人为中心，追求个人在自由、个性、偏好、独立等方面需求的实现，忽略了个人的批判意识和自省能力，更加忽略了集体的利益，导致自控能力差的大学生价值观容易扭曲，给普通高等院校课程思政建设顺利推进造成困难。

②多元化冲击制约部分大学生正确道德品德的构建。一是因为立德树人的内涵是培养大学生的大德、公德，是为共产主义服务的，但当下多元化的文化导致部分大学生对共产主义的信仰产生动摇，认为其在短期内是难以实现的，因此会重塑个人关于马克思主义的认知，直接地制约了道德品德构建。二是多元化文化的多元传播途径对正确的道德品德构建的制约。因为，在信息化和网络化时代，多元化文化的传播多以互联网、新媒体等途径传播，导致大学生在接受碎片化的海量信息的同时，缺乏理解、缺乏分析、缺乏研究继而直接接收，再受到个人情绪的影响就会产生偏向性的价值观，间接地制约了正确道德品德构建。

6. 系统平台开发不能满足教学线上需求

从技术层面来看，在信息化技术快速发展的时代下，普通高等院校在线上教学或者课堂教学系统的使用和研发上都存在显著的差异。考虑到技术的更新、软件的迭代、教师的培训等方面，需要较大人力物力投入，因此对于相关系统平台的开发总是很难及时满足课堂教学或者是线上教学的需求。除此之外，就项目本身而言，项目立项、项目开发、项目管理、项目资金使用等方面是一个周期相对较长的过程，需要大量的管理协调、技术调试，直接决定了系统平台开发存在滞后性。从普通高等院校课程思政建设来看，同样存在上述问题。倘若想打造一套规范统一适合全校或者是全地区普通高等院校课程思政建设的系统平台，则同样会存在上述问题，提请建议相关部门从机制层面进行优化，尤其体现在过程上，需要简化流程、弱化审批、增强数据贯通性。

（六）"课程思政"协同育人发展策略

"课程思政"协同育人是贯穿学校教育教学全过程的实践活动，其稳步运行和有效切实贯彻需要完善的体制机制作为支撑。目前，"课程思政"育人体制机制还存在许多不足，下面从顶层设计规划、保障制度建构和评估体系重建几个维度将其不断加以完善，为"课程思政"协同育人提供施行保障。

1. 合理规划顶层设计

顶层设计要对设计对象具备清楚的认知，再对其进行整体规划、系统整合和要素协调，继而达到运筹帷幄的理想状态。"课程思政"协同育人的定位是一项系统性育人工程，涉及多主体参与、各类课程整合和跨学科协同，因此必须从学校发展的战略高度对它进行合理规划。对"课程思政"的顶层设计体现在对主客观环境、发展阶段的准确认识和有效组织领导等方面。

普通高等院校对于"课程思政"的顶层设计应当立足于当前"大思政"育人格局，建立健全自上而下统筹运作的领导体制。当前"课程思政"育人实践仍然处于稳步探索的阶段，并且由于专业课教师的"课程思政"自觉不足，也迫切需要学校从顶层规划的维度在客观上保证"课程思政"的顺利实施。"课程思政"协同育人不是一个空洞抽象的口号，应当将其切实贯彻到课堂教学、学科建设和科研等各项工作之中，切实贯彻到学校具体的人才培养规划中，以构建自上而下、完整严密的领导体制机制稳步推进育人实践活动的顺利开展。其一，建构由学校党委书记领导负责、各职能部门领导协作参与的"课程思政"改革领导小组，在全校范围内有条不紊地推进"课程思政"教学改革。学校党委牵头彰显了学校对于"课程思政"教学改革的极端重视，继而从学校人才培养目标的高度对教师做出相应的教学要求，将"课程思政"教学改革纳入学校发展建设的重点规划之中。其二，设立"课程思政"教学改革指导委员会，全程跟进改革试点工作，给予专业、权威的指导，有序开展相应的咨询、监督和评估工作。其三，成立专门的"课程思政"教学改革办公室集中部署工作任务。"课程思政"育人体系蕴含着一个多元主体集合，包括学校党委及其领导下的各学院党委、教学管理部门和学生工作组织，因此应当根据"党委统一领导、党政部门协同配合、以行政渠道为主组织切实贯彻"的建设思路明确各主体的职责，将学校各部门资源整合到专门办公场域。

2. 制度建设一体化

实现"课程思政"协同育人的科学化、规范化发展需要一系列完善的配套制度、政策为支撑，在此基础上才能创设良好的育人氛围，促进资源的高效整合和育人合力的最大化。"课程思政"建设的相关保障制度绝非固化、死板的条例，它是与普通高等院校教育教学相勾连的、内在协同的、整体规划的制度模式，只有在这种灵活柔性的制度架构中才能激发"课程思政"教学改革的内生动力。高等教育中各类课程协同思政教育是包含诸多要素在内的系统性发展体系，因此搭建互动交流平台、切实贯彻以教学实效为导向的奖励措施以及实现教师长效可持续发展应当是"课程思政"制度一体化设计建设的重要内容。

第一，着力构建高效互补的合作制度。首先，在普通高等院校内部开展有效合作，打造优秀的"课程思政"管理服务平台和教学交流合作平台。普通高等院校是各职能部门高速运转的教育教学系统，它的内部结构完整、分工明确，这客观上制约了常态化有效合作机制的生成。因此，迫切需要最大限度打通沟通交流渠道，深入开展教学对话交流，为实现资源整合与共享提供可能。在合作平台建设上，一方面要联合普通高等院校各职能部门完善"课程思政"管理和服务体系，在学校党委的指导下集结教务处、各级团委、学生工作部门等探索跨领域、多维度的合作模式，增强"课程思政"协同育人的凝聚力和向心力；另一方面针对专业课教师缺乏对"课程思政"建设的主动参与性和切实贯彻"课程思政"教学的有效性，要集中力量创建跨学科的教学平台，在思政课教师和专业课教师双向互动交流的基础上顺利实现教学资源共享。比如，在此基础上侧重领导讲思政课制度创新，各部门、各学院领导作为"课程思政"建设的重要参与者和组织者应当带头上思政课，凭借他们在日常教学和管理中累积的思政经验呈现出优质讲堂，在增强课程权威影响力的同时，提高广大师生对"课程思政"的重视程度，拓展"课程思政"的辐射范围和受众群体范围。又譬如不断加大集体备课制度建构力度，以马克思主义各教研室为中心，联合其他教研室对各自的教学内容、教学方法进行合理统筹，集体商讨，提出优化教学的建议，形成"课程思政"教学智库。其次，开放合作视野，拓展交流范围，积极探索普通高等院校联合培养制度。这种联合培养既可以立足于区域合作，又可以将相对接近的学校类型和学校发展理念作为合作契机，实现普通高等院校间的资源共享、合作共赢。为各个学校具有较高理论水平和丰富实践教学经验的思政教育专家和学科带头人提供交流平台，就"课程思政"育人目标、课程体系建设、教学设计等诸多方面开展直接有效的话语交流与思想碰撞。在此基础上完善互访学习机制，各个普通高等院校定期组织开展校际走访交流，互访者亲身感受优质"课程思政"课堂，把握课堂与思政巧妙衔接的技巧；通过教学研讨的方式学习优秀"课程思政"教学设计和分享教学实践经验。

　　第二，建立"课程思政"育人激励机制。对于处于一定社会关系之中的现实中的人来说，其需求大体上可以分为生活需要和精神需求两大类。激励作为外界对主体的刺激，也不失为一种增强"课程思政"教学实效性的有效方式。对于"课程思政"教学主体而言，适当的物质奖励和精神奖励能使其保持良好的教学状态，在增强教学获得感的同时，激发参与"课程思政"教学的热情。具体奖励措施切实贯彻都是以教学效果为导向的，并且讲究物质激励和精神激励的科学使用和合理配合。为涉及"课程思政"的科研项目提供专项经费扶持，从教育主体的现实需求状况出发，既提供一些物质上的保障，又为他们的长远发展积累专业素养和资历背景。普通高等院校奉行教书育人的价值旨趣，应以教师奖励计划为抓手，将任课教师的思政教育资源挖掘能力和课程育人实效作为职称评定和是否给予专项支持及额度多少的部分依据。当然也有必要对"课程思政"教学表现突出的任课教师予以精神激励，赋予相关荣誉称号，切身感受学校对自身工作的重视度，增强精神层面的获得感。一项教育实践活动的开展离不开教育主体和教育客体等基本要素的参与，只有通过两者的协调配合才能顺利开展教学活动。所以，激励手段的运用不能仅仅局限于教育主体的范畴，应当同时将教育客体纳入评价之列。毋庸置疑，对于"课程思政"教学效果评判的最终落脚点在于，学生通过各类课程的学习，其思政素养、价值判断能力、信仰形塑能力得到提升的程度。对于教育客体，即学生而言，要侧重有助于实现可持续学习的发展性评价，充分调动学生参与"课程思政"课堂互动的积极性和主动性。一方面加大"课程思政"激励制度与学生评价体系的关联度，将学生思政素质、道德水准、信仰坚守、行为习惯等诸多方面与评奖评优、推优入党等奖励行为相挂勾，不断完善学生的"课程思政"奖励制度。

3. 整体考量评估体系

普通高等院校学科门类众多、专业领域广泛、课程设置复杂多样，构建一个相对普遍适用的评估标准是普通高等院校开展评估工作的前提，也是当前评估"课程思政"协同育人效力面临的主要问题之一。评估体系的科学化一方面体现在评价的整体性维度上，即评价指标尽可能覆盖教学实践活动的方方面面，另一方面体现在评估的可操作性上，即评价指标尽可能得到量化，评估结果得以相对直观地呈现。下面从"课程思政"育人的教学过程性评价的视角展开评估体系的建构，就细化评价指标给出如下建议。

重视以教师为主体的"课程思政"教学过程性评价。教师作为"课程思政"教学活动的组织实施者，他们在教学实践中起着重要的主导作用，将直接影响学生的学习体验和学习获得感。因此，将教师这一教学主体作为评估对象，重点开展"课程思政"教学过程性评价是完善"课程思政"评估体系的重要一环，具体从以下三个维度展开。

教学团队之维。首先，要对"课程思政"教学团队成员结构合理性进行评估。由于"课程思政"育人活动涉及的学科课程领域广泛，所以学校各个专业领域要保障拥有一支专业的"课程思政"教学团队，守好各类课程育人渠道。在这个教学团队内，既要有专业领域的带头人、教学能手，又要配置思政教师为"专业思政"的开展提供理论指导。其次，要将教师的思政素养作为评估对象，精准把握"课程思政"育人团队的现实状况。将教师是否坚持了正确的政治方向和是否体现了良好师德师风作为评价基点，赋予其正面或负面的总体性质评价。

教学过程之维。注重对课堂设计合理性的评价。加强对"课程思政"教学过程的评估和监督，评判是否明确将"课程思政"教学理念引入教学方案中，并且体现在课程培养目标上；能否有效衔接学科专业教学和思政教育，巧妙地挖掘出蕴于专业课程中的思政教育资源。

教学研究成果之维。教师能否形成科学、系统的教学研究成果是评估"课程思政"建设成效的重要之维。例如："课程思政"优质教学材料、优秀教学经验都可以整合为教学研究成果，发表到相关刊物供广大师生学习交流；能否承担并且申报到"课程思政"相关课题，并且对"课程思政"教育教学改革产生的影响；相关"课程思政"负责人及其开设的课程能否引起社会广泛关注，是否能够获得国家教育主管部门的表彰；等等。

我们所处的现代社会充斥着多元社会思潮与多元价值观，它们以各种形式渗透到社会生活的诸多方面。普通高等院校是文化交流、思想碰撞、意识形态交锋的重要场域，必须要用马克思主义去占领这一意识形态教育的前沿阵地。从整体上构架壮大马克思主义意识形态声音、增强主流意识形态影响力的可行性方案是思政教育的重要关切。课堂教学是普通高等院校开展育人工作的主要形式，思政理论课是弘扬和践行社会主义核心价值观的重要课程载体，但绝不能拘泥于这一类课程载体。全面立体的课程体系为思政教育实践活动的开展提供了一个良好的契机。将思政教育与普通高等院校各类课程相衔接，挖掘蕴于各类课程中的思政教育资源，凝聚思政教育的课程合力，达到协同育人的理想目标正是"课程思政"应有之义。"课程思政"突破了传统意义上的思政教育课程实施范畴，打破了课程局限和学科边际，是对思政教育教学改革的有益探索。

在新的时代定位中，普通高等院校要巩固社会主义办学方向和实现教育现代化目标的诉求空前强烈，"课程思政"作为一种新的思政教育理念，它从整体和协同的育人维度对普通高等院校思政教育进行了有益的探索，提供新的思路。"课程思政"协同育人作为系统化、科学性的思政教育模式，能在一定程度上有效解决思政理论课和专业课"两张皮"的问题，弥补思政教育在其他课程中"缺位"的育人缺陷。要真正发挥好"课程思政"的协同育人的效力，还需要做出更多的努力。一方面，要廓清一些认识层面的基本问题；另一方面，要抓住"课程思政"协同育人的关键点位，有针对性地剖析其实践环节遭遇的困境。这样才能对症下药，攻克"课程思政"协同育人具体推进过程中的难题，实现对"课程思政"的整体规划。

4. 完善协同育人机制

针对各专业课程思政建设协同育人体制不完善的问题，建议从打造各专业课程思政协同育人生态系统、畅通各专业课程思政协同育人沟通渠道两方面着手推进。后文将根据上述顺序逐一进行说明。

（1）完善专业协同育人生态系统

打造各专业课程思政协同育人生态系统核心在于顶层设计，关键在于组织架构，重点在于全面细致。第一，从顶层设计来看，普通高等院校课程思政建设领导小组应该针对专业协同育人方面成立专门办公室，主要是制定针对协同育人在育人模式、组织架构、奖惩措施、沟通协调等方面的具体方案。例如在：育人模式上，考虑课堂教学与实践的结合，包括论坛、研讨会、辩论赛、社区实践、工厂实习等；在组织架构上，尝试设立分片模式，针对不同专业设定统筹联络人；在奖惩措施上，针对普通高等院校课程思政建设中的党纪国法问题出台文件予以明确。第二，从组织架构来看，应充分明确针对普通高等院校课程思政建设协同育人成立的组织架构应具备何种职能性质，明晰边界条件，避免交叉管理和重复工作。第三，从全面细致来看，生态系统必然要求全口径下的全覆盖，针对普通高等院校这一独立的课程思政建设主体而言，该协同育人生态系统应该覆盖到普通高等院校党委领导、团委领导、学院领导、学院思政工作者、学生干部、宿舍管理员等人员，覆盖到包括体育课、实验课、试听课、讲座课在内的所有课程，覆盖到学校食堂、学校医院、学校安保、学校后勤超市等方面。

（2）打通专业协同育人渠道

畅通各专业课程思政协同育人沟通渠道主要是在课程协同、教师协同、管理者与教师之间的协同三方面。第一，从课程协同来看，主要是课程内容的协同育人。普通高等院校课程思政建设要求的思政元素应符合普通高等院校思政理论课的要求，因此建议专业课程课堂上所需融入的思政元素应该与思政理论相一致协调。除此之外，就是不同专业的课程内容的协同，彼此应避免内容相悖、内容重复，应相互支撑、相互融合。这一点主要是针对逻辑性较强的理工科课程而言。第二，从教师协同来看，一是针对大班授课引致的低效性，尝试建议同专业的教师可以在课程思政建设上予以合作，通过分工细化，将大班课改为小班课或者利用互联网工具制定线上课程，对学生设定登录权限，使得他们分批上课，全力弱化大班上课引致的低效问题。二是针对不同专业的教师而言，加强交流合作，有效促进信息共享，拓展课程思政建设实践渠道，充分满足不同专业的大学生对思政教育层面的实践需求，降低其对课程思政建设的抵触情绪。同时在课程内容改进和监督方面，不同专业教师思路存在差异，加强交流只会拓展思路，丰富学生学识。第三，从管理者与教师协同来看，主要是搭建在生态系统内，用于教师与教师、教师与管理者、教师与课程、管理者与课程之间的沟通平台，这种平台主要是线上的互联网平台，但需要同时涵盖PC 终端、移动终端和。

5. 应对外部环境冲击

单一的追求经济发展和多元文化对普通高等院校课程思政建设存在一定的负面影响效应，各普通高等院校应该提前谋划积极应对外部社会环境潜在冲击。大学生存在的思想道德风险多集中于信念动摇、素质低下、自我放弃、脱离实际等方面，导致其自我约束力差、生活能力弱，无法形成有效的常态化应对措施。为了降低大学生出现道德风险的概率，提请学校针对单一追求个人利益最大化及多元文化的冲击效应，建立合理规范的风险防范机制，具体包括领导机制、管理机制、切实贯彻机制、评价机制四方面。

6. 加大保障力度

前文研究表明普通高等院校课程思政建设过程中资金、技术、师资力量等方面均存在缺口，笔者建议从"健全制度体系，加强资金、技术保障力度""建立常态化培训机制，加大教师培训强度"两方面入手有效促进普通高等院校教师的课程思政建设能力。下面笔者就"通过健全制度体系来充分释放教师团队的潜力"进行重点论述。通过健全制度体系来充分释放教师团队的潜力主要是指通过完善普通高等院校教师素质能力提升的体制机制，主要包括加强资金、技术保障力度。第一，从资金层面来看，资金是保证课程思政建设推进重要的要素，可以通过设立课程思政建设专项资金、专项账户、专门管理人员，对课程思政项目立项、技术研发、人员抽调等方面予以大力支持。有了资金方面的支持，普通高等院校教师就可以根据个人需求、个人偏好有针对性地开发适用于课程思政建设的教学体系和教学内容。不同普通高等院校之间、不同学术团体之间可以增强交流，加强合作，提升课程思政建设的正向促进效用和影响力。但对于资金的使用方面应该设立一个公开透明的监管机构，规避因为资金使用不当对课程思政建设造成不利影响。第二，从技术层面来看，课程思政建设不是单一专业进行开展的，需要普通高等院校多部门、全方位的协同合作进行的，因此在当下的信息时代，更加需要信息通信技术等方面的支撑，以有效解决在思政课程开发、远程视频授课、思政团队教学交流、课程思政建设会议召开等方面低效率的问题，规避因为技术原因制约课程思政工作的开展。当然，对于技术保障力度的加大，同样是需要资金层面的支持，但更需要的是得力的团队来操作，因此需要相关管理部门统筹规划、加强协调。

第五章 大学生思政教育中辅导员的角色定位

本章内容为大学生思政教育中辅导员的角色定位，主要从三个方面的内容进行了介绍，分别为辅导员概述、辅导员角色定位、辅导员角色建构的路径。

第一节 辅导员概述

一、辅导员的相关概念

辅导，字面上的意思是帮助和指导。那么辅导员，是指对学生进行辅助性帮助和正确指导的校内工作人员。大学辅导员的早期称谓是"政治辅导员"。对辅导员这一概念，看似非常简单，大家都认为自己对辅导员有所了解，但其实对辅导员的深入认知却十分模糊，主要是因为其日常行为和工作职责的繁杂，让人难以对辅导员有清晰明确的认识并给予其专属的定义。辅导员在普通高等院校中要从事和学生相关的日常工作，包括生活、学习、心理辅导、评优评奖、就业创业指导等，有的辅导员还会承担部分教学工作。在普通高等院校中辅导员的工作性质还存在着专职和兼职之分。专职辅导员是指专门从事学生管理事务及思政引导工作的辅导员。兼职辅导员已成为高校学工队伍的重要组成部分。随着高校人数不断增加，各高校专职思想政治工作队伍普遍人手不够，为了充实学生辅导员队伍的力量，辅助专职辅导员工作，很多高校开始采取研究生或课时较少的在职教师。

二、辅导员的特征

辅导员在普通高等院校工作中是学校、院系等各部门工作的具体实施者，是学生与各院系、处室部门间的桥梁纽带。学生在校期间接触最多的便是辅导员老师，辅导员与学生最亲近，学生干部的行为养成容易受到辅导员工作风格的熏陶。辅导员的准入门槛比专业课教师相对较高，鉴于思政教育工作的特殊性，辅导员队伍管理具有政治性强、时效性要求高、工作纪律性严等特点。

三、辅导员的主要任务

普通高等院校辅导员走在学生工作的第一线，其主要任务是：

（1）当好大学生职业生涯的设计师，引导学生树立科学的目标，夯实广大学生日后发展的基础。

（2）辅导员还是广大学生的老师，因此日常工作中还要充分利用自己的行为、知识、经验更好地引导学生，有效把握学生的心理动态，及时帮助他们解决思想上、心理上、学习上、生活上的困惑，做他们成才路上的引路人。

（3）辅导员能够成为大学生的知心朋友，成为他们健康成长最合格的指引者。

辅导员（队伍）管理包括普通高等院校或院系依照国家相关制度和政策，对普通高等院校辅导员进行选聘、培养、考核、奖励、任用等行为。

四、辅导员职业化、专业化的具体要求

辅导员队伍职业化、专业化建设要求辅导员不断提高自身职业能力与专业水平，从而更好地提高自身的辅导工作水平。

（一）辅导员职业化具体要求

职业化一词在辅导员这一职业中是指从事该行业的人员应该经过辅导

员相关方面的培训与教育培养，从而掌握对学生进行思政教育工作的方法手段，掌握学生管理事务的专业技能与理论知识，使辅导员这一职业成为一个可以长久从事的职业，这些有利于辅导员队伍管理体系与机制的建立。辅导员工作的职业化存在以下四方面要求。

一是为了让广大从业人员认识到该职业的发展前景，提升工作积极性，普通高等院校人事部门需要设计一个辅导员考核、任职、晋升的制度改革体系，通过明文来确定与鼓励该职业是长期稳定发展并可从事终生的职业。

二是辅导员从业人员只有在经历一系列的严格的培训和专业学习后，达到从业标准才可以正式上岗。

三是加强辅导员从业人员的职业生涯规划的指导，使其发展渠道得到拓展与畅通，使其发展空间得到提升。从一定的专业方向出发，对辅导员从业人员进行培养，同时还要促进与确保工作职责的有效履行。

四是对辅导员从业人员的培训与再教育要进行规范化管理，各个高等教育学校要依据当代大学生思政教育的需求以及普通高等院校发展的需要，采取优胜劣汰的原则，通过定期的考核方式，对不合格的辅导员进行淘汰。

（二）辅导员专业化具体要求

这一方面主要是就辅导员从业人员应该具备的职业技能与专业素养来说的，辅导员工作不是说任何单位的工作人员、任何毕业生都能够从事的，这个岗位自成专业体系，要求从业人员有着综合技能与多门专业知识，主要包括社团组织、社交礼仪、人际关系、就业指导、心理咨询、管理学、教育学、心理学、思政教育等。辅导员从业人员只有在经历一系列的严格的培训和专业学习后，达到从业标准才可以正式上岗。要求辅导员从业人员可以清楚地认识到困扰学生的问题，做到深入理解学生所遇到的困难，用自己的经验、技能、知识提供给学生相应的帮助和引导。普通高等院校辅导员从业人员的无可替代性与专业化，是让从业人员心甘情愿地履行职业义务的保证。普通高等院校辅导员这一工作的专业化也可以通过实际的教学工作方面来体现，需要为学生讲解专业的知识，包括思政教育、人际关系处理等，这些都需要具备较高的专业能力，辅导员需要在这些方面不断进行提升，以此来不断增强个人的专业化水平。

辅导员工作的职业化、专业化还要求普通高等院校辅导员需要具备一定的科学研究能力与水平。传统的教育思维认为，普通高等院校辅导员这一项工作的开展仅仅是靠着相关的工作经验和人格，较高的理论水准在这一行业是不被需要的。这种传统的、落后的教育思维不但降低并阻碍了普通高等院校辅导员队伍的整体水平的发展，也阻碍了辅导员职业能力素养、探索新方法能力的提高。

由此，辅导员工作的职业化、专业化迫切地要求普通高等院校辅导员积极地投入科研工作的开展之中，主要是如何对学生进行思政教育工作的科研领域的研究，持续有效促进学生思政教育的创新，帮助学生更好地顺应时代发展的要求。在这一方面，辅导员还需要对调查研究给予足够的认识，对思想教育工作中会面临的新问题、新情况进行分析研究和有效解决，可以采取每年发表一篇及以上关于学生工作有关的论文或者是调查报告，对学生工作新经验每一年都要有所总结的方式来进行。采取这些方法能够有效地提高辅导员的教育科研能力，使其积极投身于科研工作，确保辅导员工作的职业化、专业化能够与时代要求相符，为学校教育事业的发展提供保障。

第二节　辅导员角色定位

一、角色相关概念的界定

（一）角色

在戏剧的舞台上，根据戏剧规则进行行为表演的特定人选被称为"角色"，美国著名社会学家乔治·赫伯特·米德（George Herbert Mead）将这一词引用到了社会学中，并结合社会学理论给予了合理的社会学角度解释：当社会人在扮演某一特定的社会角色时，产生了符合这一角色的行为举止，并使这些行为举止作为其专属的社会行为规范和行为模式；即使日后角色扮演的主角人物消失了，这一角色是仍然存在的，因为其行为举止已经对社会产生了一定的影响，且不可被替代①。在米德做出合理解释后，角色这一词被引入在各个社会领域里。

我国学者郑杭生认为，社会地位是社会角色的象征，且能够凸显与其身份相匹配的权利和义务的规范和行为模式。有学者认为，社会每一个角色都拥有来自同一领域内与之产生互动的人群的角色期待，在这一领域内，角色会拥有与之行为所匹配的社会身份和社会地位，并应具有相对应的权力去履行其社会职责。

由此可见，对于"角色"一词在不同的环境领域有不同的解释和定义。从以上学者对"角色"一词的解释来看，"角色"是由指定的环境所产生的一种必然的、特殊的社会个体或群体，拥有能够彰显其独特之处的地位。这一个体或群体角色在进行角色扮演的过程中会产生一系列的行为表现且对社会发展带来一定的影响，并且社会对这一个体有着专属的角色期待。

（二）角色定位

角色定位是指在特定的环境下，相对于其他互动角色，拥有专属于自己的且无法被替代的定位，这种定位往往与角色特征、角色行为和角色期望有着密不可分的关系。角色定位会受到社会环境和时间环境等因素的影响而发生变化。

（三）角色行为

角色行为是在角色进行角色扮演时所产生的特定的行为，这种行为可能会有利于塑造人物良好的角色形象，也有可能会改变其所处环境，当然也会存在破坏其角色形象的可能。角色会在进行角色扮演的过程中因环境的变换而产生其相对应的角色行为，主要是受到主观意识的影响。有学者认为只有在人们认同并确定承担特定的社会角色时，他们才能进行与这一角色相关的特定的角色行为，但如果角色遇到突发状况时，角色也会做出相应的变化反应。

---

① 乔治·赫伯特·米德著；霍桂恒译. 心灵、自我和社会 [M]. 南京：译林出版社，2014.

综上，角色行为主要指的是社会中的各类角色在指定的环境氛围内在进行角色扮演时所产生的特殊的行为过程。

(四) 角色期望

角色期望是某个个体角色或某类群体角色对某一指定角色的扮演及行为所产生的期望，它主要起到了连接社会结构与社会角色的作用。角色期望主要是通过角色及其角色行为给人们带来的主观认知所产生的主观意识期望。人们也会通过角色期望判断其角色行为是否符合这一角色的身份和地位。有学者认为，人们会根据社会角色所拥有的社会地位、权利、责任和义务来决定对这一社会角色的角色期待。角色期待往往会在对角色行为进行规范时产生，并提出符合其角色行为的相对应的要求。在日常生活中，人们会根据角色期待来掌控自己的行为，依据角色期望对他人的行为进行预测和评价。辅导员作为一种社会角色也要面临社会的期望，这是辅导员进行角色扮演的必经之路。在现实社会中，人们正是依据角色期望来学习和了解一个行业应有的规范，也是通过角色期望来监督和约束别人的行为。大学生对辅导员的角色期望有以下几点：

(1) 感情问题

大学期间，从高中管理严格的环境变为大学相对宽松舒适的生活氛围，学生谈恋爱较为普遍。有的大学生因为感情问题影响学业，因情感问题而荒废学业，或者恋爱对象在相处中总会有磕磕绊绊，不愿意向父母透露心声，他们可以在课余时间与辅导员老师的交流沟通，倾诉自己遇到的感情困惑。辅导员老师的适时参与，有效地解决了大学生的情感难题，能更好地帮助学生走出困境。

(2) 就业问题

这是大学生最为关注的话题，除了选择升学继续深造的学生，就业是一个不可避免的话题，大学是一个小社会，但终究不是社会的完成时，大学生求职择业过程中的心态调整、工作中的人际交往都需要辅导员指导。学生都会希望自己的人生少一点弯路，顺利地从学生转换为职场人。

（3）学业问题

这也是学生的头等大事，大学是专业拔高的时期，虽然看起来比高中轻松了不少，但事实上学业的压力只有学生自己知道。如何积极调整心态，消除考试挂科后的消极情绪，迎头赶上，辅导员在学生的学习中也扮演着重要角色。

（4）生活问题

这个时代的孩子大都是独生子女，深受家长的宠爱，确实有不少学生，进入大学生活之后，不会自己照顾自己。新闻也经常报道，一个孩子上大学，全家大大小小好几口人一起搬家陪读。孩子不会自己洗衣服，不会自己收拾屋子等现象屡见不鲜。辅导员要积极引导学生，培养良好的生活习惯，早日学会生活上的自理。

二、辅导员角色定位的概念与内涵

（一）概念

在社会学角色理论中，社会上的每个人都扮演着各自的不同角色。而每个社会角色与其他社会角色所产生的联系形成了社会关系。社会角色的产生主要是为了满足社会的需要，而产生的角色也会随着社会的变化不断地丰富自己的角色形象。

结合对角色和普通高等院校辅导员的概念界定，普通高等院校辅导员角色是指在普通高等院校从事辅导员工作时所呈现出的满足角色期待的行为模式。社会其他角色对普通高等院校辅导员角色有着专属的角色期待，且普通高等院校辅导员角色拥有着代表这一个体的身份与地位，行使其相应的权利和义务。其日常工作主要包括：

（1）事务管理。

（2）思政教育。

（3）各类专业辅导等工作中并表现出来的契合社会大众所期待的行为模式。

换言之，一方面是普通高等院校辅导员在社会群体中的作用，另一方面又包含学校管理者、学生以及社会公众对其角色的期待。除此之外，还包括自身"应然"认知行为角色，简而言之也就是在上述的期待、认知下形成一套更规范、更完善的包含权利与义务的行为模式。

普通高等院校辅导员在多重的角色环境中，到底哪一个角色才是他最重要和核心的角色，答案有很多。有人说，"辅导员工作是个大箩筐，什么东西都能往里面装"。所以，在实际学生工作中，辅导员的角色更多时候像"消防员""勤务员""学生保姆"，从事着繁杂的事务性工作，继而削弱了对学生成长、成才的有效性指导。同时，因为事务性工作太多，缺乏系统学习提升、深入学生中间，导致对工作的思考、积累较少。造成目前在辅导员队伍职业化发展过程中无法准确地定位辅导员的角色。

（二）内涵

普通高等院校辅导员这一角色在普通高等院校乃至高等教育领域中扮演着无法替代的重要角色。相比其他在校教职工人员，普通高等院校辅导员的工作职能有很多，最为核心的就是促进学生全面发展。辅导员在普通高等院校众多角色中拥有独特的身份和地位，还包含来自社会各类角色对辅导员的角色期待。比如，社会群众、学校高层和在校学生对辅导员的角色期待和角色行为期待以及普通高等院校辅导员对自己的角色期待和所应有的角色行为的认知等。从普通高等院校辅导员角色的发展历程来看，辅导员在普通高等院校中所扮演的主要角色就是普通高等院校的思政教育指导者。但随着社会需求的改变以及高等教育的迅猛发展，辅导员的工作范围在不断地外延、扩大，辅导员角色的内涵也变得更加丰富。从最初具有鲜明的政治性演化到现在同时具有政治性、教育性和服务性。

三、辅导员角色定位的特征

普通高等院校辅导员的角色定位有如下的特征：

（1）辅导员的范围和角色边界相对宽泛。

（2）尚未形成准确的辅导员边际，比如没有切实贯彻提升在职学历、节假日、工作时间以及其他福利性的保障等。

（3）辅导员考核评价体系难以量化，难以确保公允。普通高等院校辅导员工作多以事务性为主，与普通高等院校的专业课教师的硬性量化指标考核不同，很难在考核评价时充分调动其工作的积极性。

四、高校辅导员的角色定位

普通高等院校辅导员是大学生思政教育工作和日常事务管理工作的指导者和具体实施者，也是学生基层工作的重要管理者和协调者，同时也是普通高等院校贯彻教育方针，坚定学校办学方向的重要力量。辅导员队伍管理中，首要的就是确定辅导员职位的性质和职责的内容，也即明确辅导员在学校的地位与角色。这是选拔培养辅导员的基础，也是对辅导员进行考核、任用的依据。

（一）学生成长方向的引领者

在大学生思政教育工作中，毋庸置疑，普通高等院校辅导员具有重要的作用。不仅要树立起正确的政治方向，更为重要的要夯实大学生的思政教育工作基础，努力培养大学生的道德水平，这些都是普通高等院校辅导员角色的基本职责。辅导员必须坚持实事求是的原则，坚持以学生需求为基本出发点，尊重学生合理的思想追求，了解学生成长的欲望、诉求，讲究方法策略，有针对性、有意义地展开思想教育工作。辅导员不仅要抓好组织大学生思政教育工作，更要确保其有效实施，要充分发挥示范作用，扮演好高等院校思政教育规律的研究者等具体的角色。

（二）学生成才路上的服务者

辅导员在大学生成才积累的关键时期，扮演着亦师亦友的身份，是学生的老师，更是学生亲密无间的朋友。正是因为辅导员具有这样特殊的身份特点，决定着其一言一行都会对广大学生产生较大的影响。在大学生青春成长中最重要的一程，辅导员在工作中要注意运用管理艺术，充当好管理者和服务者的角色，培养学生成为有理想、有道德、有文化、有纪律的新时代青年。

（三）学生事务工作的管理者

学生日常事务的管理工作是辅导员角色最基础的职责之一。事务性工作关乎学生方方面面的利益，学生工作无小事，具体又繁杂，工作开展是否得力，效果是否显著，学生是否认可结果和过程，对是否能够切实贯彻思想教育工作具有重要的影响。这就要求辅导员不仅要做好角色的定位，更要善于总结、不断思考，寻求改进措施，为科学地引导学生打下坚实的基础，积极寻找一条更具模块化、规范化、科学化的发展策略。总之，确保指导方法的正确性才能推进指导工作的开展，兼顾好显性教育与隐性教育的手段，才能为学生带来优质高效的服务。

五、高校辅导员角色定位分析

普通高等院校辅导员身为学校思政教育的主力军与学生管理队伍的领头人，他们既要具备教师管理学生的威严，又要具备和学生打成一片的随和；既要做好思政文化教育，又要关注学生的生活安全。辅导员既是管理者，又是执行者。辅导员的角色设定就是一个相对矛盾的、不清晰的存在。

除此之外，辅导员以外的其他群体对辅导员身份认知，与辅导员自身的认知也不尽相同。对学校而言，辅导员是教师队伍的一部分；对学生而言，辅导员是学生各项事务的具体操作者。辅导员自身对自己的认识也不清晰，而且大多数普通高等院校的辅导员都是兼职，兼职辅导员通常由优秀毕业生留校任职，需要经过一段时期的考察，专职辅导员比例不高，他们也都很少具有专业资格。

综上所述，当前辅导员的角色定位是相对矛盾的、模糊的，我国高校辅导员队伍建设不仅要全面培养辅导员的专业素养，更为重要的就是要不断推进专业化、职业化的发展模式，队伍管理和建设力度需要进一步提高，辅导员角色需要更加清晰准确定位。

六、高校辅导员角色定位方面存在的问题

（一）学校对辅导员的角色认识不清楚

在普通高等院校中辅导员这一身份并未得到真正客观的评价。有人认

为思政教育工作理应处于附属地位，因为普通高等院校的主要任务是教学和科研，这也就不难理解为何辅导员的地位与任课教师难以等同了，这样的错误认识严重低估了思政教育对学生成长、成才的作用。有些普通高等院校在辅导员队伍建设方面重视不够、投入不足，反倒是要求辅导员在工作中不允许出现任何差池，更多地承担管理者助手的角色，不能以战略的眼光来看待辅导员工作。久而久之，就会使一些人形成只要"无过"就可以了，严重挫败了辅导员工作中的主观能动性，甚至造成了一些优秀人才的流失。

（二）辅导员配备制度有待改善

我国在辅导员人员配备制度方面，存在着制度规定与现实需求脱节的现象。根据全国普通高等院校学生辅导员队伍建设看，对于教育部要求的根据1∶200的标准配备辅导员，很多普通高等院校都没有达到这个标准。此外，对于教育部这个要求标准配备辅导员有待调整。其一，在实际工作中，对于一些特殊学生群体，如艺术体育类学生，他们的思维较普通学生更为活跃，个性鲜明，有着不同于普通学生的特点和需求，经常会有各种训练及外出参演节目，相对于管理普通学生而言，辅导员对艺术体育类学生的管理其难度更大，如果也根据一名辅导员管理200个学生甚至更多的话，很难真正达到对学生的有效管理。其二，目前我国普通高等院校的团委下设学院团委，学院团委下设学院团委书记，经了解，目前普通高等院校的学院团委书记大多是由辅导员兼任，一方面辅导员学生工作千头万绪，再加上团委学生的工作，辅导员的工作压力不言而喻。以上情况，如果也根据1∶200的比例配备学生辅导员，则容易导致辅导员因事务性工作太多，而对学生隐性存在的问题难以及时疏导。

（三）角色实现保障机制有待提高

在普通高等院校辅导员角色日益完善、优化的同时还必须进一步强化政策性，但就当前各大普通高等院校的贯彻落实情况来看，显然存在认识水平不够深化、考核制度滞后、保障机制力度不够、培训力度不足等问题。具体而言，主要有以下几方面。

首先，选拔招聘环节过于宽松。其主要体现在没有明确选拔标准，绝大多数的普通高等院校在招聘过程仅强调要具有一定的"学科专业背景"，而没有进一步具体、明确的规定标准，从而使得所招聘而来的辅导员来源广泛，背景复杂。比如过于薄弱的专业技能与所带的学生的专业不相吻合等情况。这样一来就很容易影响辅导员在日常生活中顺利地开展工作，给其职业化发展带来一定的压力。除此之外，对入职的基本要求不高。虽然说在一些招聘会上普通高等院校多会要求求职者应聘辅导员要具有职业指导师、心理咨询师等资格证书，但事实上在实际的选拔人才中对这些因素的要求并不高，甚至只需要通过笔试、面试等综合考量即可，从而确定结果。有的辅导员培训班为期 7 天，总计 56 学时的学习，完成培训和考试后，能够顺利获得辅导员资格证书。而部分新晋辅导员没有参加过相关培训，不利于其真正掌握工作所需知识和技能。综上所述，普通高等院校辅导员宽松的准入门槛，这无论是对招聘或者辅导员日后开展工作都是非常不利的。

其次，未充分发挥考核机制效果。当前很多普通高等院校在考核辅导员中过于重视奖惩而忽视发展的重要性。考核流于形式或者简化考核体系，过于强调结果而忽视了过程的重要性，或者没有使用恰当的考核方法，等等。总之，尚未能充分发挥考核的作用，不健全的考核体系很难真正激发队伍的工作活力，反倒会带来一些负面影响。

（四）培养培训力度有待提高

纵观全国普通高等院校专业设置，没有专门的普通高等院校辅导员专业，缺少学科体系支撑，终将影响到辅导员职业化、专业化发展。虽然教育部三令五申一定要切实贯彻对本校辅导员的辅导和培训工作，但事实上就当前的实际情况来看，形式化现象比较严重。短暂性的岗前培训，或者以下发应急性的任务为主要讲解方式，出现了严重的培训短板。除此之外，过于单一的培训方法、缺乏针对性的培训内容、陈旧的培训方案、缺乏专业的师资队伍等诸多方面的因素影响，使整个培训过程充满了随意化的色彩。

（五）辅导员选聘制度标准不统一

虽然教育部下发相关文件对辅导员应该具备的业务素质做了指示，但这只是一个政策上宏观上的指导，并未对普通高等院校辅导员的选聘工作的笔试考核、面试考核等制定相应具体实施办法，各普通高等院校在具体执行政策时，难免会存在标准上的误差。现实情况中，各普通高等院校招收门槛高低不一，辅导员质量参差不齐，这也使得辅导员在管理大学生的日常事务方面出现不少的问题。

（六）激励保障制度有待完善

就当前来看我国很多普通高等院校都尚未建立健全完善的激励保障制度。与此同时，由于人的精力是有限的，辅导员被日常烦琐的事务缠身因此无法挤出更多的时间投入科研或者其他领域的工作。但教学、科研、个人奖励、评优评先等各方面对教工的个人评价却有着很重的分量。因而在日常的工作中就会出现一个这样的局面，即辅导员已经付出了极大的努力了，但事实上由于没有达到所谓的科研成果、课题以及教学工作量等，而无法获得晋升或者评定职称。在当前的普通高等院校人事管理制度下，职称对于一个教师一生的发展又是极为重要的。这样一来就会使辅导员形成一种工作量大，但工资却不高，如同盯着玻璃的苍蝇一样看不到出路，如此一来又如何激发工作的热情，从而更好地投入日常的工作中。

第三节　辅导员角色建构的路径

一、教育行政主管部门和高校方面

教育行政主管部门定义辅导员的角色期望、提供辅导员职业发展的支持；普通高等院校分配辅导员角色并对角色实践情况进行评估。在辅导员的角色建构中，组织需要采取减少辅导员角色期望的多样性、提高角色领悟的充分性、减轻角色实践的繁重性、营造辅导员良好的工作和学习氛围等措施来帮助新时代普通高等院校辅导员进行角色建构。

（一）减少辅导员角色

辅导员的角色期望是因时而进、因势而新的，新时代辅导员角色期望有其发展性、多样性和冲突性的特点。在新时代普通高等院校辅导员的角色集中，包含9个不同领域的角色，这些角色包含了"事务性工作者""理论和实践研究者""教师""朋友"等性质不同的角色。"事务性工作者"需要个体耗费大量的时间和精力，重复性极强，而"理论和实践研究者"需要个体静心于理论研究，要求个体富有创造性，两个角色对其扮演者的要求相差甚远，因此辅导员在扮演着"事务性工作者"角色的同时难以再扮演好"理论和实践研究者"的角色。"教师"为人师表，需要具备一定的理论知识和丰富的实践能力，为学生传道授业解惑，是师者和长辈，而"朋友"是建立在双方平等基础上的身份，要求双方有一定的相似性，是伙伴和同辈。因此，辅导员在扮演着"教师"角色的同时难以再扮演好"朋友"的角色。新时代普通高等院校辅导员角色的发展性导致其角色集的多样性，而角色集的多样性又导致了其角色的内在冲突性，但在国家和社会所赋予辅导员的角色期望不能改变的情况下，配置班主任和辅导员助理来承担部分角色，是减少辅导员角色期望多样性的另一种途径。班主任和辅导员助理可以扮演学生日常事务管理者的角色，协助其开展入学教育、毕业生教育、勤工俭学活动及相关管理和服务工作，协助其处理军事训练以及办理奖学金、助学金、助学贷款的事宜，为学生提供生活指导等。

（二）提高辅导员角色的领悟性

从新时代普通高等院校辅导员角色领悟的现状的分析可知，辅导员并不完全认同自身角色，其中，思想理论教育和价值引领者的角色领悟程度最高，理论和实践研究者角色领悟程度最低。辅导员的角色领悟会决定其角色实践，虽然现实情况会使两者存在偏差，但个体还是会在实践过程中努力扮演好自己认为应该扮演的角色。要致力于提高辅导员角色领悟的充分性，就需要结合被访谈辅导员的职业成长环境、成长路径以及外部支持的需求来进行分析。基于此，笔者对提高辅导员角色领悟的充分性提出以下几点建议：有效促进思政教育学科建设，加强辅导员专门人才的培养力度；建立职业准入制度，把好辅导员入口关；实现辅导员工作注册制，把好辅导员工作过程关；完善各级培训制度，加强辅导员培训力度。

1. 加强对辅导员专门人才的培养

和国外的大学生事务工作者不同，我国目前并没有一个对应辅导员工作要求而设立的大学专业，去培养辅导员领域专门人才，大多数普通高等院校在招聘辅导员时也并不限制辅导员的专业，这就造成了新晋辅导员在扮演角色的初期无法深刻地认识角色期望，也就不可能很好地完成自身的角色领悟。这成为辅导员在角色领悟中的先天不足。强大的学科支撑，连贯的人才培养路径是专门人才培养的一个决定因素。辅导员最初的职业角色为"政治引路人"，因此思政教育学科作为其学科支撑有其历史性和必然性，但随着时代发展，辅导员的角色从单一角色到九个角色，思政教育学科的支撑是否足够？是否在时机成熟时可以将辅导员工作发展为学科的一个专业方向？辅导员工作专业方向是不是社会学、心理学、思政教育学科的交叉学科？这些都是辅导员是否能够深刻领悟自身角色需要有效解决的源头问题。

与此同时，辅导员博士培养作为辅导员高级专门人才的重要培养途径，应该在学术上、实践上为博士生创造良好条件，普通高等院校急需一批既熟知从事辅导员职业相关的理论知识，又熟悉辅导员实际工作的博士生导师来加强辅导员博士的培养力度，让理论走出书斋和辅导员的工作实际紧密结合。普通高等院校要为博士生提供担任低年级学生辅导员的工作机会，让他们在实践中研究理论，创新理论，有效促进学科和专业的发展，也加强辅导员整体的角色领悟程度。

（1）确立人才本位的培训理念

自古以来，人才资源一直是各个行业争抢博弈的主要资源之一，确立人才本位的培训理念是确保工作行业发展的第一要义。重视人才资源、加强人才的内生（内部培训）与外引（扩大招聘）是市场竞争的迫切要求。人才本位的培训理念，不是简单地基础知识填鸭式灌输、短期单一技能的文本培训，而是要求辅导员培训组织构建一个长期的、有效的培训体系，以促进辅导员队伍向"专家型""思想型""管理型"转变，切实提高其领导学生队伍的能力水平。

（2）建立双向统筹的培训机制

培训部门要充分履行辅导员系统培训的牵头抓总的职能，践行集体培训与个体培训的双向统筹培训规划。一方面，要充分做好基层参加培训辅导员们的信息征集工作，做出有预见性的培训指导思路，在培训周期、培训班次、培训内容和人员集中选择上做好妥善的统筹分配工作，强化宏观管理，规范双向统筹标准，严格执行计划；另一方面，要允许学院以及辅导员本人以正当理由适当选择参训班次、时间、形式等，让被培训部门及个人有一定的自主空间。实行辅导员个体自我需求与社会集体发展、工作实际需要相结合的培训机制。

（3）更新现代科技的培训方法

引入现代科技手段，不仅包含设备层面的更新换代，主要涵盖培训时间、培训空间、培训形式等多层次的培训方式的更新。一方面，充分发挥新时代科学文明与通用技术的功效，结合网络传输、多媒体设备、远程监控、电化教学等通用的新方式方法，最大限度地突破时间、空间对于辅导员培训教育带来的局限，有效解决在职辅导员与求学心理的冲突矛盾；另一方面，在现有专题讲座、名师演讲等教学模式基础上，更新培训方式，引入个案分析、场景模拟、小组讨论等新颖途径，丰富授课形式，着重结合辅导员工作生活中的实际情况进行有针对性的分析与研讨，把传教解惑、自思自省、互动互助等行为引入课堂，充分提升辅导员老师们的积极参与度与灵活创造力，使其切实做到学有所获、学有所成。

（4）丰富细致全面的培训内容

目前，普通高等院校在培训授课方面普遍存在内容覆盖面相对小、涵盖知识相对少、涉猎广度相对窄等问题，丰富辅导员队伍培训课程的内容，将培训内容细致化、层次化、具体化是一项亟待有效解决的问题。可以采取如下有针对性的具体措施。

①对缺少基层工作经验的新入职辅导员，采取"老带新"模式，增加实践教学内容，遇到突发事件和多发事件，要求老辅导员必须"一带一"现场指导，帮助新辅导员们尽快进入工作状态，了解学生工作实际。

②对有一定发展潜力、近期可提拔的老辅导员老师们，要注重提升他们的政治修养与文化素质，可以构建能力提升培训模块，如决策力模块、领导力模块、影响力模块、创新力模块等内容，进行综合性的全方位的领

导能力提升，有针对性地进行培训，建立全新的辅导员领导干部能力培训课程体系。

③针对普通高等院校工作认识有局限性的辅导员老师们，要采取有计划、有目的、有先后地选派他们到国内或国外其他优秀普通高等院校参加走访学习锻炼。

2. 优化辅导员的选聘制度

实现辅导员工作注册制，把好辅导员工作的过程关；完善各级培训制度，加强对辅导员的培训力度。在辅导员入口处建立必要的职业准入制度，可依据《高等学校辅导员职业能力标准（暂行）》的知识范畴进行专门考试，通过后取得执业资格证书，有执业资格的辅导员才能参加普通高等院校辅导员的选拔任用，让他们在成为辅导员之初就能充分知晓自我角色。采用全国统一的辅导员工作记录，让权威的机构进行记录和认证，使辅导员的管理过程实现统一化和规范化，并针对不同工作年限的辅导员进行不同程度的角色领悟方面的培训。加强对辅导员科研项目和访问学者的支持力度，让更多的优秀辅导员在工作实践中接受高水平的学术指导，提高角色领悟水平，提高学术能力。加大思政教育工作专项博士的招生力度，让更多优秀的辅导员接受系统的学术训练，成为辅导员学术研究的先行者，有效促进辅导员整体角色领悟水平的提升。扩大辅导员短期国内外交流和短期培训的覆盖面，交流学习机会应更多地向独立本科院校辅导员和普通高等院校高专院校辅导员倾斜，让他们能够在繁重的工作中进行学习交流，更好地提高他们的角色领悟水平。

（三）减轻辅导员工作

从普通高等院校辅导员角色实践现状可知，辅导员在角色实践中都面临繁重的日常事务性工作，要耗费掉大部分精力，从而导致自我角色领悟和角色实践难以保持一致的问题。要减少辅导员角色实践的繁重性，提高辅导员角色扮演的充分性，可以采取划清辅导员工作界限的策略。

教育行政部门需要有效促进学校进一步明确辅导员的工作边界，避免辅导员工作的无限责任制；普通高等院校需执行教育部相关文件精神，根据规定足额配备辅导员，明确辅导员的工作边界，避免辅导员完全陷入日常事务性工作之中。

近年来，随着我国普通高等院校的扩招，学生人数也急剧增加，学生工作几乎覆盖校园里的各个角落，无形中进一步加大了辅导员的工作压力，因此科学地界定普通高等院校辅导员的职责边际，使其认清自己的角色，明确岗位职责和职能发挥，就显得尤为重要。明确辅导员的工作职责需要普通高等院校和院系的共同努力，创造性地做好以下几个方面。

（1）普通高等院校和院系应在以思政教育为核心以学生发展为主导从学生事务管理为基础的理论指导下，制定详细的辅导员工作说明，应当阐述本职工作的内容和行为规范，以及工作的时间等，指导辅导员掌握工作需要具备的相关技能和知识，继而使得辅导员工作有章可循。

（2）普通高等院校应该成立专门的学生事务管理部门以便于划清各职能部门和相关人员的责任，切实贯彻明确工作职责和工作程序，可以减轻辅导员的事务性工作负担。比如，寝室卫生检查工作可以由专门的公寓卫生委员会执行，其成员可以由学生组成。而在类似工作中，辅导员则作为学生权益的保护者和教育引导者参与。这样有利于为辅导员减负，真正的有时间和空间来扮演好思政教育的引导者角色。

（3）普通高等院校和院系领导部门应该允许辅导员在其工作范围内，拥有相对自主独立的话语权和处理事务的权利。在不违反相关规章的前提下，尽可能地减少对辅导员创造性劳动和工作的干预，尊重辅导员对自己分内工作的统筹规划。辅导员的责任重大且工作强度高，普通高等院校辅导员一方面要在各院系中做好日常管理工作，同时受到有关职能部门和人事部门的考核和评价；另一方面由于学校的很多业务部门与学生都有交集，这样一来就会形成各个部门对辅导员都有不同的要求。除此之外，各个院系会从自身工作角度出发，让辅导员从事除日常管理工作之外的行政事务，显然这就让辅导员处于一种被多重管理的体制中，形成了过于繁重的任务，未能有效地完成岗位职责，因此在日常的工作中就迫使辅导员很难形成归属感、自我价值的实现感。在这样尴尬的局面下，个人的发展诉求无法满足，就会使得辅导员有另作打算的看法，会选择到其他领域发展。

普通高等院校改革也是一个不得不考虑到一个重要因素，由于当前很多普通高等院校都尚未建立完善的管理配套服务体系，而这就让学生的日常学习、生活都面临着各方面的问题，而高校辅导员自然就成为有效解决这些问题首要人选。通常情况下都是由辅导员负责与学校的相关部门沟通，辅导员日常工作已经趋于饱和，如果再附加上这些工作，那么又如何来更好地履行思政教育的核心职责呢？尽管辅导员工作非常辛苦，但多余的繁重任务使其没有时间扎实地研究教育对象，使得辅导员与其教育对象总是处于一种心理上的游离状态，很难让学生真正敞开心扉接受他们的工作。随着当今社会的飞速发展，普通高等院校内部的辅导员管理机制改革已迫在眉睫。

(四) 促进辅导员对自我角色的建构

在采取以上策略帮助辅导员减少角色期望的多样性、提高角色领悟的充分性、减轻角色实践的繁重性后，组织还应该采取构建辅导员工作团队、打通辅导员"多线"晋升通道的策略来帮助新时代普通高等院校辅导员有效建构自我角色。

1. 辅导员工作团队的构建

学校应培育辅导员工作团队，实现辅导员角色的单一化，尽量在配置一线辅导员时遵循事务性辅导员（本科生）和研究型辅导员（硕士、博士）相结合，初级、中级、高级辅导员相结合，不同专业教育背景的辅导员相结合的原则。

在日常培训中丰富培训的层次和内容，满足处于不同发展阶段的辅导员的需求。引导不同年限的辅导员结合自身特长进行职业规划，鼓励他们坚持某一专业领域的研究，成长为这一领域的专家。将一个基层教育单位的辅导员团队培育为九个角色均有专家的专业学生事务管理团队，指导学生有效解决成长过程中的不同困惑。

2. 增加辅导员晋升渠道

教育行政主管部门需要督查普通高等院校将《普通高等学校辅导员职业能力标准（暂行）》《普通高等学校辅导员队伍建设规定》中的人员配置、职称评聘等政策切实贯彻落实，避免出现政策"空转"。普通高等院校要切实贯彻辅导员职称评聘单列计划、单设标准、单独评审，评审过程应充分考虑辅导员工作的特殊性，不能简单地统一到专业教师序列去一概而论。各学校应根据自身情况制定辅导员评级定级细则，对应相应的职级待遇，让辅导员职务晋升不单为狭窄的"机关"途径，形成辅导员职称、职务、职级的"多线"晋升通道，稳定辅导员队伍，做好辅导员专业化、职业化发展的导向。

（五）优化辅导员管理制度

国家层面要通过宏观层面的政策调整，对普通高等院校学生工作队伍的分工结构进行的优化，给出分解具体的角色任务的指导性意见。辅导员角色职责是否明确直接影响其任职条件、工作方式、角色认同等方面内容。关系着全国普通高等院校辅导员队伍的建设和职业发展问题，也是亟待有效解决的瓶颈问题。虽然普通高等院校辅导员在实际工作生活中所享受到的待遇、社会地位一般，但社会各界却给予了他们很高的期望，而辅导员自身的能力又是非常有限的，他们所能够承受的责任与社会要求他们所要承担的角色尚有一定差距。对于学生及学生的家长而言，他们就是传承思政教育的桥梁，但不可否认的是很多时候辅导员也被有意无意地当成"奶妈""保姆"，甚至被认为应该是全能的，并以此作为衡量一个辅导员是否履行自己职责，是不是一个合格的辅导员。显然这样的评判方法是不科学的，是不公平的。除此之外，过多的考核评判考核指标，比如就业违约率、违纪率等也常常被看作是辅导员没有切实履行自身的职责，没有认真做好自身的本职工作。在理想与现实中，辅导员难免左右失衡，不知道要何去何从，加之其隐性的、模糊的工作成效无法被量化。面对学校的高标准严要求，辅导员承担着较大的工作压力，学生在行为和思想任何方面出现的问题仿佛都是辅导员之过。面对这一现状，需要特别强化动员、宣传工作，让广大学生、家长、社会大众能够深刻体会辅导员工作的重要性，能够以更理性的态度对待普通高等院校辅导员的工作。比如，在面对学生在思想、心理和行为等各方面出现偏差的时候能够以更理智的态度待之。

要强化高辅导员队伍建设，科学调整普通高等院校辅导员的工作思路，统一角色认知，以缓解他们在日常工作中的尴尬局面。针对当前普通高等院校存在的辅导员在日常工作中出现的多头管理、职责模糊等问题，可从以下几方面下手：首先简化管理层级，完善基本管理构架；其次实现集中管理；最后全面提高辅导员的工作效率，明确各部门的职责。只有这样才能让他们真正"轻装上阵"，明确自身定位，更好地履行自我职责，从而更好地关注学生的思想动态，引导学生塑造正确的价值观，培育学生优良的道德品质，最大限度地发挥普通高等院校"全员育人"这一作用，统一辅导群体对角色的期待。他们也因而能够有效找准自身定位，明确岗位职责，继而更有目的性地开展工作。

（六）辅导员职能转向多元化专业性支持

在高等教育改革不断推进的过程中，普通高等院校的学生工作体系越来越复杂、精细。国内的普通高等院校纷纷成立了专门的学生工作部门，并且大都是将作为党委机构的学生工作部和作为行政机构的学生工作处合署办公，统称为学生工作部（处）。同时进一步细分部门设置，设立了思想教育和学生事务管理的专门机构，这标志着在普通高等院校已经有了学生思政工作和学生事务工作分别由不同人员负责的工作要求。

出现了学生思政工作和学生事务工作的分野之后，辅导员原本"一元化"的工作模式被打破。比如就业中心的成立，一方面是市场化之下普通高等院校改革的产物，另一方面将原本辅导员对毕业生工作分配的职责剥离。心理中心的成立，则表明学生事务与政治思想进一步脱离，在此之前普通高等院校几乎不关注学生心理问题，心理辅导即是"做思想工作"。废除了国家包上大学的制度后，面对贫困生上不起学的情况，勤工助学、资助管理等部门相继成……越来越多的学生管理事项走上了专业化、专门化管理的道路，以往辅导员一元化政治性统合的工作逻辑不复存在。

辅导员的工作不再仅仅是一元化的政治性的工作，而是涉及许多方面，包括思政教育、制度建设、奖助金评定、职业发展支持、心理健康工作等等，这些工作有的需要辅导员亲自开展、全权切实贯彻，有的在学校设有专业的职能部门来承担相应职责，但需要辅导员来配合其工作的开展。辅导员的角色由一元化向多元化过渡，政治性的统合向专业性的支持转变。

我国辅导员制度沿着一元化政治性统合到多元化专业性支持的逻辑，在身份定位、职责要求等方面发生了重大的变化。在我国建设世界一流大学的过程中，未来辅导员制度的何去何从逐渐受到越来越多的关注。当前普通高等院校的辅导员所需处理的事务千头万绪，相应的配套制度却没有跟上，致使辅导员们缺乏工作积极性。而对于普通高等院校辅导员而言，

"专业化""复合型"也来越成为当前工作中最急迫的一个要求，一方面是思政专业的素质需求，另一方面是各种事务性事项的能力需求。面对多元化专业性支持的逻辑转变，辅导员们应该在又"红"又"专"两个维度提升。做好学生的思政工作是一名辅导员的底线要求，这需要"红"；做好学生的日常管理、为学生提供各方面的指导和帮助则需要"专"。要转变对辅导员培养的观念和思路，有必要以思政教育专业为核心。构建综合性、复合型的课程体系，培养专业的辅导员团队，让更多的专职人员走上辅导员工作岗位，这将在很大程度上有利于辅导员工作的开展及辅导员价值的发挥。

二、辅导员专业化、职业化方面

辅导员作为与学生接触的一线教师，方方面面的学生工作都需要辅导员的直接协调与参与。这些工作包括思政教育工作、宿舍管理、职业规划、学生的安全稳定、帮困助学等。由此可见，普通高等院校辅导员在学生工作中发挥着不可或缺的主导作用，可以保证学生工作顺利开展，学生工作离不开辅导员的统筹、指挥、协调。

目前来看，学生思想问题的解惑者是辅导员的主要角色，学生心理问题的疏导者是第二角色，学生生活与学习上的指导者是第三角色，学生教育管理的指导者是第四角色。思想教育工作的开展可以多借助现代化工具。辅导员对学生的熟悉与了解程度要比其他教师高出很多，所以在为即将毕业的学生进行就业指导与职业引导时更加得心应手，事半功倍，因此，让普通高等院校辅导员来担任此项工作更为恰当。职业规划这一重要工作并不是在学生即将毕业时才做的，辅导员根据每个学生所处于的不同阶段，引领学生在自我定位和职业生涯规划领域有所参与，这是在与现如今就业形式结合之下的产物，比面试技巧培训和心理辅导具有更深的层次。

此外，普通高等院校辅导员也同样扮演着学生的良师益友与榜样的角色，在学生中具备良好的形象有利于工作的开展。在大学期间，学生除了需要老师之外，还需要朋友，这样才能够有更多的交流，通过交流能够让学生的生活更加积极阳光。辅导员在做好教师工作的同时，还需要成为学生的知心朋友，保证学生有健康的学习心态并健康成长。

　　辅导员作用能否得到良好的发挥，辅导员与学生能否保持良好的亦师亦友的关系，这都取决于如何使工作方法上的创新与优良的传统有机结合。辅导员与学生间形成亦师亦友的良好状态，可以使得教育教学取得良好的效果。如何与学生建立、培养这样的关系是目前普通高等院校考察的辅导员能力的重要标准之一，这种能力主要体现在以下三个方面。

　　（1）为有困难的学生提供帮助的能力。大学生在心理上、思想上会存在着一些问题和困难之外，还会面临生活上的困难，尤其是对于一些出身困难家庭的学生而言，他们处在新的生活环境中，往往会受到外界的影响，特别是在生活困难的情况下，他们很难有足够的勇气融入学校这样一个大家庭当中。与此同时，由于生活条件的影响，他们难以获得良好的物质保障，可能会影响到日常的学习与生活。

　　（2）倾听学生、爱护学生的能力。在辅导员开展工作过程中，需要学会热爱学生，并积极倾听学生的心声。真正的热爱这份工作、真正的爱学生、与学生成为朋友是辅导员的基本素养与基本能力。辅导员与学生缺乏交流并且无法融入学生之中，想要顺利地开展工作是困难的。学生来自五湖四海，文化教育有所差异，这也就意味着这份工作充满着复杂性，因此辅导员对这份工作具有极高的热情、不计得失、不辞劳苦地融入学生中去，了解学生的想法，提高自身在学生中的亲和力，与学生打成一片，成为良师益友，会为工作的开展带来了很多便利。

　　（3）与学生打成一片，了解学生的能力。辅导员在开展日常工作方面，需要融入学生当中，这样才能够与学生有共同的语言，从而成为学生的朋友。辅导员还需要具备良好的语言和文字表达能力、调查研究能力、组织管理能力等，并对学生管理教育工作的基本知识、方法和规律都有所了解，并且时时掌握学生的心理和思想特征。辅导员需要具备高度的责任感，管理好学生的日常事务，做好学生的思想工作，与学生及时沟通，想学生之所想。只有这样，辅导员才能对学生的思想与心理动态及时了解，才能够采取行之有效的辅导方式，为学生创造良好的学习与生活条件。

　　由此，作为辅导员需要及时为学生提供帮助，尤其是要在辅导工作当中及时了解学生在生活方面存在的困难，并积极采取合理的方法帮助学生有效解决困难，努力成为学生的榜样。虽然目前社会价值取向多元化和信息多元化，但每个人也还是会有自己的榜样，特别是在大学期间，学生往往会从身边的老师或同学当中寻找榜样，一个勤奋做好学生工作、具备丰富学识、拥有人格魅力的辅导员，是可以成为学生的榜样的。一个想要成为学生榜样的辅导员，不但要引导学生做好自我的职业规划，还要团结友爱学生并为学生提供温情的服务。为了在政治教育方面能够给学生带来正确的观点与方向，辅导员需要具有较高的政治鉴别力、政治洞察力、政治敏锐性、较强的法制观念、坚定的政治品格，并且认真贯彻党的方针。与此同时，身为辅导员，还需要为人师表、以身作则、廉洁、公正、谦虚、诚实、品行端正。

除此之外，为了通过多方面的交流去引领学生们树立一种正确的世界观与人生观，辅导员需要对现代知识能做到全方位掌握，融入当代社会与学生之中。也就是说辅导员首先成为现代教育的行家、心理调节的医师、教育改革的倡导者、终身学习的示范者。辅导员必须时刻严格要求自己，积极成为学生的榜样力量，为学生做好表率作用，让学生在学习与生活中自觉、自主、积极地响应辅导员的要求，养成良好的行为规范，成为对社会有用的人才。

三、辅导员自身方面

作为普通高等院校辅导员，是众多角色赋予一人，必然会导致角色紧张，而辅导员可通过以下途径缓解角色紧张，提升角色实践能力，建构自我角色。

（一）与其他部门或者辅导员合作

辅导员是高等学校教师与管理队伍的组成部分，是大学生思政教育工作团队中的一员，辅导员需要和职能部门配合、和其他辅导员配合、和专业课老师配合，共同做好大学生思政教育与管理工作。同时，面对烦琐细致的日常事务性工作，辅导员可以通过建立学生干部团队或兼职辅导员团队来分担部分工作，在培养学生干部的同时释放自己的精力，分配到其他更为重要的角色实践上。如学生的思政教育与引导、班级管理的顶层设计、特殊学生的关注等工作。

（二）加强业务学习和理论研究

辅导员在工作过程中，将会面临来自国家、社会、学校、家长和学生等多种期望，国家和社会期望辅导员将大学生培养为国家发展所需要的青年人才；学校期望辅导员配合学校各个部门完成大学生的育人工作；家长期望辅导员能够监督孩子圆满完成学业，锻炼自身能力，为未来就业、升学打下基础；学生期望辅导员能够关心自己的个性发展，为他们提供学习生活等各个方面的实际帮助。要实现以上的多方期望，需要辅导员明确自身职业界限，并熟知职业理论、法规和知识，充分认可自身的九个角色，这是辅导员能否实现角色期望的前提与起点。

辅导员应该积极参加各种培训，如参加全国普通高等院校辅导员示范培训班，申报辅导员骨干专项课题和精品项目，参加辅导员工作创新论坛，在职攻读思政教育专业博士学位等。这些业务学习能够在不同程度上加强辅导员对自我角色的认识和认同，更为深刻地认识自我角色，为角色实践做好铺垫。

辅导员同时要提高"理论和实践研究者"的角色领悟程度，在工作中坚持做科学研究。辅导员要结合自身爱好提升职业能力，依据《高等学校辅导员职业能力标准（暂行）》中的九大职业能力，深入研究一到两个方面，如思想理论教育和价值引领、校园危机事件应对、心理健康教育与咨询，开展结合实践的学术研究，申报各级课题，发表学术论文，提升理论水平与科学研究能力。

（三）总结事务性工作的规律

辅导员要总结事务性工作的规律，减少重复的事务性工作带来的精力磨损。整日处理烦琐无章的日常事务性工作，是大家对于辅导员工作状态的普遍认知。而看似烦琐无章的工作，其实也有其固有的规律和章法，辅导员只需在工作中稍加留意和总结，就能事半功倍，减轻自身角色实践的繁重性。

（四）将角色期望、角色领悟、角色实践有效结合

由于辅导员面临着角色期望的多样性、角色领悟的不充分性和角色实

践的繁重性等角色建构的困境，因此社会学角色理论认为，角色期望将决定角色领悟，角色领悟的程度又决定角色实践的情况。但事实上由于辅导员个体的差异和其工作环境的差异，三者难以完全保持一致而呈现出理想状态。此时辅导员需要在组织的支持下，通过各种策略合理减少角色期望的多样性，提高角色领悟的充分性，保持角色领悟与角色期望的一致性，同时减轻角色实践的繁重性，保持角色实践与角色领悟的一致性，从而呈现出理想的工作状态。辅导员要抓住新时代的新机遇，努力让个体蜕变为既懂思政理论又懂工作实操业务，既能开展常规教育管理工作又能应急处理各类危机事件，既能埋头进行事务性工作又能提笔进行理论研究的新时代普通高等院校辅导员。

在新时代普通高等院校辅导员角色建构的过程中，面临着角色期望的多样性、角色领悟的不充分性和角色实践的繁重性等困境，辅导员个体需要寻找工作中的合力来减少角色期望的多样性，加强业务学习和理论研究来提高角色领悟的充分性，总结事务性工作的规律来减轻角色实践的繁重性，提高角色期望、角色领悟、角色实践的内在一致性，抓住机遇建构个体角色，赋予角色更丰富的内涵。组织可以通过配置班主任和辅导员助理来减少辅导员角色期望的多样性；有效促进思政教育学科建设，加强辅导员专门人才的培养力度；建立职业准入制度，把好辅导员的入口关。实现辅导员工作注册制，把好辅导员工作的过程关。同时，完善各级培训制度，加强辅导员的培训力度来提高辅导员角色领悟的充分性；通过划清辅导员工作界限，营造同向同行的育人环境来减轻角色实践的繁重性；通过构建辅导员团队，打通辅导员"多线"晋升通道来促进新时代普通高等院校辅导员有效建构自我角色。

（五）在工作中不断进行自我提升

辅导员对自身职位的认识比如责任、义务等方面的认识都会影响到其是否能够在工作中充分发挥自身的角色作用，对以上因素的认知水平直接制约着其在岗位中做什么，应该做些什么以及怎么去做。客观上说辅导员只有强化自身的角色意识，才能全面走出职位的困惑，只有这样才能及时纠正认知上的偏差，从而形成主动学习、强化工作的理念。在日常的工作中，辅导员要根据《高等学校辅导员职业能力标准（暂行）》中的相关规定，严格要求自己，充分发挥榜样的作用。积极向优秀辅导员、年度人物学习。此外，要不断地提升自我，参加各种培训，从而让自己获得更多的理论知识，优化知识结构。

首先使自己具备过硬的政治觉悟，具有良好的职业修养和道德品质，强化自身的管理能力、协调能力，力求各方面都能够尽善尽美地表现自己，促进自身的全面发展。除此之外，要求辅导人员在日常的工作中还要真正地从知识、心理、行为、认知等各方面入手，做好心理的自我调适，全面提升自我适应能力、心理素质和健康水平。树立正确的世界观、人生观和价值观，积极调适辅导员的心理水平，形成与辅导员身份相适应的健全的人格。时刻保持清醒的头脑，遵守相关的规定，做到言行一致，充分发挥榜样的作用，可以说这是对于广大辅导员最为基本的素质要求。总之，辅导员只有全面促进自身发展，才能缓解角色困惑，才能使自己在工作中充分发挥优势。

参考文献

[1] 郑永廷. 把高校思想政治工作贯穿教育教学全过程的若干思考——学习习近平总书记在全国高校思想政治工作会议上的讲话 [J]. 思想理论教育, 2017 (01): 4-9.

[2] 高德毅, 宗爱东. 从思政课程到课程思政: 从战略高度构建高校思想政治教育课程体系 [J]. 中国高等教育, 2017 (01): 43-46.

[3] 孟志中. 思想政治教育要素论 [J]. 中国青年政治学院学报, 2003 (03): 15-19.

[4] 韩方希. 大学生思想政治教育运作模式探究 [M]. 北京: 中国文史出版社, 2015.

[5] 胡新峰. 大学生思想政治教育机制研究 [D]. 长春: 东北师范大学, 2014.

[6] 赵宏. 自媒体时代大学生思想政治教育面临的挑战与对策 [J]. 学术论坛, 2013, 36 (05): 213-217.

[7] 季海菊. 新媒体时代高校思想政治教育研究 [D]. 南京: 南京师范大学, 2013.

[8] 尹晓敏. 微博兴起背景下大学生思想政治教育的挑战与应对 [J]. 思想教育研究, 2011 (02): 49-52.

[9] 李岩, 曾维伦, 何海涛. 新媒体环境下的大学生思想政治教育新载体探析 [J]. 重庆邮电大学学报 (社会科学版), 2010, 22 (05): 21-26.

[10] 张耀灿. 推进思想政治教育研究范式的人学转换 [J]. 思想教育研究, 2010, (07): 3-6.

[11] 郝胜杰. 思想政治教育如何应对 "微博" 的挑战 [J]. 扬州大学学报 (高教研究版), 2010, 14 (02): 48-52.

［12］沈壮海. 关注思想政治教育的文化性［J］. 思想理论教育，2008（03）：4-6.

［13］徐振祥. 新媒体：大学生思想政治教育的机遇与挑战［J］. 思想政治教育研究，2007（06）：64-66.

［14］郑永廷. 思想政治教育学科研究重点与难点辨析［J］. 思想教育研究，2007（05）：3-7.

［15］黄正泉，王健. 人文关怀：思想政治教育之魂［J］. 现代大学教育，2007（03）：57-60+112.

［16］沈壮海. 论思想政治教育理论研究的新范式与新形态［J］. 思想理论教育导刊，2007（02）：40-46.

［17］董世军，孙玉华，周立田. 现代思想政治教育话语及其困境分析［J］. 长春大学学报，2007（01）：85-88.

［18］张耀灿，曹清燕. 思想政治教育研究的人学取向探析［J］. 思想理论教育导刊，2006（12）：38-41.

［19］潘敏，陈中润，于朝阳. 高校网络思想政治教育研究综述［J］. 高校理论战线，2006（11）：44-49.

［20］熊建生. 大学生思想政治教育内容体系的科学构建［J］. 思想理论教育导刊，2006（02）：29-33.

［21］方旭光. 政治认同：思想政治教育的目标取向［J］. 思想·理论·教育，2006（01）：7-12.

［22］杨立英. 论网络思想政治教育的主客体关系特性与教育创新［J］. 思想理论教育导刊，2005（11）：62-67.

［23］张耀灿. 思想政治教育的特点和规律探析［J］. 思想·理论·教育，2005（03）：4-10+1.

［24］王东莉. 思想政治教育人文关怀的内容体系建构［J］. 教学与研究，2005（02）：85-90.

［25］黄蓉生. 大学生思想政治教育：理想信念是核心［J］. 高校理论战线，2004（12）：8-11.

［26］项久雨. 思想政治教育价值与人的价值［J］. 教学与研究，2002（12）：55-59.

［27］袁贵仁. 扎实推进高校思想政治教育进网络工作［J］. 中国高

等教育, 2002 (12): 5-9.

[28] 骆郁廷. 论思想政治教育主体、客体及其相互关系 [J]. 思想理论教育导刊, 2002 (04): 34-38+48.

[29] 刘建军. 论思想政治教育的个人价值 [J]. 教学与研究, 2001 (08): 48-52.

[30] 郑永廷. 论思想政治教育的本质及其发展 [J]. 教学与研究, 2001 (03): 49-52.